Klaus P. Fischer

Schöpfungsglaube im evolutiven Weltbild

Das biblische Zeugnis vor der modernen Kritik

Impressum:	**Schöpfungsglaube im evolutiven Weltbild** **Das biblische Zeugnis vor der modernen Kritik** von Klaus P. Fischer
	Herstellung und Verlag: BoD - Books on Demand, Norderstedt ISBN 978-3-735787248
	3. Auflage vom 01. Januar 2016
(Hrsg.) V.i.S.P:	Adlerstein Verlag Hans-Jürgen Sträter Wacholderstr. 26 26639 Wiesmoor
Tel.:	04944-5815
Fax:	04944-5839
Email:	kontakt @ adlerstein.de
Internet:	www.adlerstein-verlag.de
Coverfoto:	Supernova, NASA / JPL-Caltech / Oliver Krause, Max-Planck-Institut für Astronomie Heidelberg
	Für die Erlaubnis zur Verwendung der im 1. Teil gezeigten Schaubilder danken wir Sandra Gossweiler, Birmensdorf/Schweiz, dem Calwer-Verlag Stuttgart Prof, Dr. Franz Vesely vom Viktor Frankl Institut, Wien Prof. Dr. Othmar Keel, Fribourg/Schweiz
	Alle Rechte vorbehalten
	© Adlerstein Verlag Wiesmoor,

Inhalt   Seite

Vorwort   9
Die Schöpfung als Evolution   12
Der Beitrag der Bibel zum Verständnis der Welt   71
Zitierte Literatur   108
Zum Autor   114
Veröffentlichungen in Buchform   115

VORWORT

Die Frage, ob die Welt ´von selbst` entstanden sei und sich entwickelt habe *oder* ob sie sich der Schöpferhand Gottes verdanke, beschäftigt seit langem, vermehrt in den letzten Jahrzehnten, eine breite Öffentlichkeit in Kirche und Gesellschaft. Dabei wird das Verhältnis von Schöpferglaube und Evolutionstheorie weithin, auch in den Medien, als Gegensatz wahrgenommen, als handle es sich um Alternativen, von denen – je nach Gewicht der Argumente – nur eine richtig sein könne.

Das Interesse an der kosmischen Evolution wurde und wird in breiten Kreisen geweckt durch erregende Entdeckungen der Kosmologie, die dem Publikum durch Fachleute und Wissenschaftspublizisten eindrücklich und wirksam nahegebracht werden. Die kirchliche Öffentlichkeit konnte und kann sich den neuen Perspektiven nicht verschließen, umso weniger als der lange verfemte, durch das Zweite Vatikanische Konzil aber quasi rehabilitierte Paläontologe und Jesuitenpater Pierre Teilhard de Chardin einen großen Teil seines Lebenswerkes der Versöhnung zwischen Schöpfungsglaube und Evolutionstheorie gewidmet hatte. Die naturwissenschaftlichen, philosophischen und mystischen Aspekte seiner visionären Synthese sind von großem, anhaltendem Einfluss auf das geistige Leben innerhalb wie außerhalb der Kirchen. Hinzu kommen bedeutsame Durchbrüche in der bibelwissenschaftlichen Erschließung der Schöpfungstexte der Bibel, welche – wo sie zu Kenntnis und ernst genommen werden – veraltete Denkmuster überwinden helfen.

Allerdings öffnen sich nicht alle Christen den neuen Perspektiven. Weil man bei der Fülle empirischer Daten und aus Gründen der Logik sich dem Paradigma der Evolution nicht rundweg verschließen kann, sind sie um einen Kompromiss bemüht und wollen bestimmte Phänomene und Realitäten aus der Entwicklungsdynamik des Kosmos ausscheiden und exklusiv dem Zutun des Schöpfers reservieren. Dadurch bestätigen sie die öffentliche Meinung, es gehe bei Schöpfungsglaube und Evolutionstheorie um ein Entweder-Oder.

Der Autor ist überzeugt, dass nur ein Sowohl-Als-Auch im Sinne einer echten Synthese weiterführt, obgleich mit anhaltenden Voreingenommenheiten auf allen Seiten zu rechnen ist.

Die evolutive Weltsicht jedenfalls ist als epochemachendes Paradigma anzuerkennen, ein Paradigma, das sämtliche Lebens- bzw. Geistesbereiche betrifft und beeinflusst.

Es beeinflusst auch das Verständnis des biblisch-christlichen Glaubens. Dieser gerät damit nicht einfach „ins Schwimmen", wie ängstliche Gemüter fürchten, sondern gerät in Bewegung, in Entwicklung. Zwar lernt schon der normale Verstand, dass etwa die scheinbar fest (fix) am Himmelsgewölbe verorteten Sterne, oft mythische Namen tragend und durch fiktive Linien zu Stern-Bildern erweitert, in physikalischer Sicht – u.a. durch Entfernungs- und Leuchtkraftmessungen – sich vierdimensional als alte und junge, um das galaktische Zentrum bewegte, glühende Gaskugeln enthüllen. Doch ändert sich durch diese Sicht der Augenschein nicht: für das empfängliche Gemüt unter dem nächtlichen Sternhimmel können zusätzliche Kenntnisse den Eindruck des Wundervollen vertiefen: das Gefühl, unter einem großartigen, menschenfreundlichen, wunderbar verlässlichen Zelt zu leben. Entsprechend lernt der gläubige Christ, seine eigenen ´Fixsterne` – Schöpfer und Schöpfung, Bibel, Jesus Christus, Kirche usw – schärfer und tiefer zu sehen, lernt, dass neue Einsichten bereichern, unnötige Hindernisse ausräumen und die Sterne des Glaubens stärker zum Leuchten bringen. Durch erneuertes Verständnis gewinnt auch das Leben aus dem Glauben Kraft und neuen Antrieb.

Der Verfasser ist den Möglichkeiten der Verständigung zwischen Glaube und Naturwissenschaft seit langem auf der Spur. Erwähnt seien Beiträge wie „Kosmos und Weltende – Theologische Überlegungen vor dem Horizont moderner Kosmologie" (2001) oder „Auferstehung und Vollendung der Welt" (2004 / 2013).

Das vorliegende Unternehmen hat gleichsam zwei Gänge, die zwar konvergieren, aber unabhängig voneinander gelesen werden können. Der Inhalt wurde mehrfach vorgetragen und in Erörterungen mit Hörern erprobt. Natürlich ist er damit nicht schon gesichert, sondern dem Wahrheitsgewissen der Leser ausgesetzt.

Die Darstellung versteht sich daher „ad experimentum" und ist in keiner Weise ´offiziell` oder ´amtlich`.

Die Auseinandersetzung mit herkömmlichen Übersetzungen von thematisch wichtigen Bibelstellen ließ sich nicht vermeiden, ist jedoch in der Hauptsache in Kleindruck-Abschnitten und Anmerkungen untergebracht. So können interessierte, ergebnisorientierte Leserinnen und Leser, die in den biblischen Ursprachen nicht bewandert sind, ohne unnötigen Aufenthalt weitergehen. Für die fachliche Begründung der Ergebnisse sind die sprachlichen Befunde allerdings unerlässlich.

Das vorliegende kleine Werk sei in dankbarem Gedenken an Hermann Seifermann (†16.1.2013) meinen langjährigen Hörerinnen und Hörern in Heidelberg, Würzburg, Freising und Speyer gewidmet.

Heidelberg, an Neujahr 2014   *Klaus P. Fischer*

DIE SCHÖPFUNG ALS EVOLUTION

Die biblische Botschaft vom Schöpfer-Gott ist nicht leicht zu fassen. Sie ist durch unbiblische Denkgewohnheiten und Vorurteile verstellt.

Viele vertreten heute die Ansicht, der Schöpfer-Gott der Bibel sei eine „verjährte Hypothese" (Sartre). Wir wüssten ja inzwischen, dass alle Wesen, die nach der Bibel Gott geschaffen habe, sich entwickelt hätten, und zwar aus einfachen Bausteinen und Vorformen. Das 20. Jahrhundert hat die Idee der Evolution über den Bereich irdischer Biologie und Anthropologie hinaus auf den Kosmos ausgeweitet. Der Mensch – der *homo sapiens* – erscheint als relativ spätes Produkt in der Entwicklung des Kosmos.

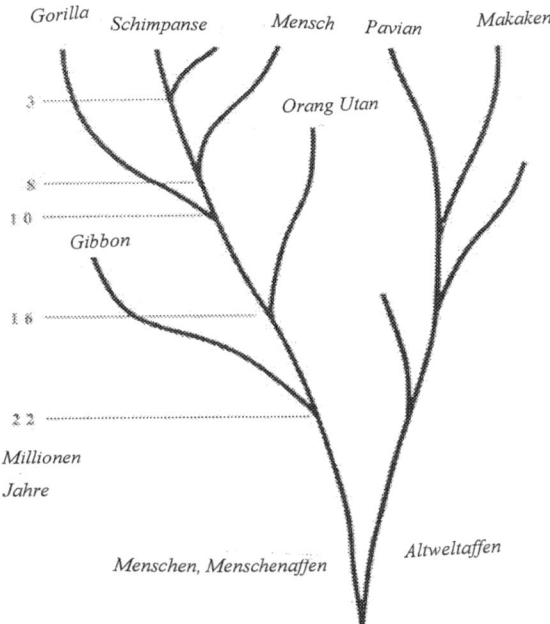

Primaten-Stammbaum (Ausschnitt aus Säugetier-Stammbaum)

Man sagt nun häufig: da die Entstehung des Kosmos durch eine Milliarden Jahre während Entwicklung denkbar, ja naheliegend geworden sei, erübrige sich der Gedanke eines Schöpfers.

Hier wollen wir innehalten und fragen, wie die Vorbehalte gegen den Glauben an den Schöpfer-Gott entstanden sind. Es hat den Anschein, dass sie wesentlich herrühren vom Wechsel der Weltbilder in der europäischen Neuzeit. Um auf den Kernpunkt zu kommen, benötigen wir etwas philosophisches Denken – nicht 'große' Spekulation, sondern nützliche Unterscheidungen, die für Klarsicht sorgen.

- *Vom antiken zum modernen Weltbild*

Zunächst: Wie sah die Welt zu biblischen Zeiten aus?

Vor etwa 3000 – 2000 Jahren sahen die Menschen die Welt etwa so:

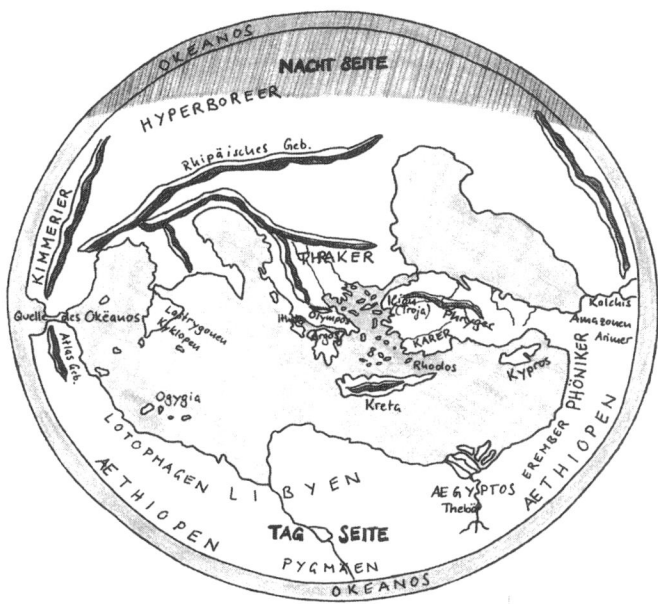

Das frühgriechische Weltbild (ca. 8./7. Jh. v. Chr.)

Die *Erde* umfasste im wesentlichen die bekannten Staaten und Zivilisationen des Mittelmeerbeckens. *Hier* ereignete sich die sogenannte *Welt*geschichte, ungeachtet anderer Völker im hohen Norden und fernen Osten. *Erde* ist die bewohnte, kulturierte Welt, deren Grenzen („die Enden der Erde") Wüste, Meer, sowie grauer Nebel, Gebirge, Eis und Schnee im Norden bilden. Das war der *Welt*-Raum. Hoch im unbekannten Norden grenzte die bewohnte Welt an das Nebelhaft-Dunkle, Un-heimliche, das Reich der Finsternis.

Zum damaligen Welt-*All* gehörte natürlich *der Himmel*.

Die Bibel beginnt ja mit dem Satz, dass Gott „im Anfang Himmel und Erde schuf".

Der *Himmel* ist das Reich der Sonne, aber auch der Raum der Wolken, Bereich von Regen und Fruchtbarkeit, aber auch *raqia‹*, die Feste, das Gewölbe, das Firmament, die Fixsternsphäre; außerdem Reich übermenschlicher und göttlicher Mächte. Dieses Modell, betitelt ´Das altorientalische Weltbild`, gilt gewöhnlich auch als das der Bibel:

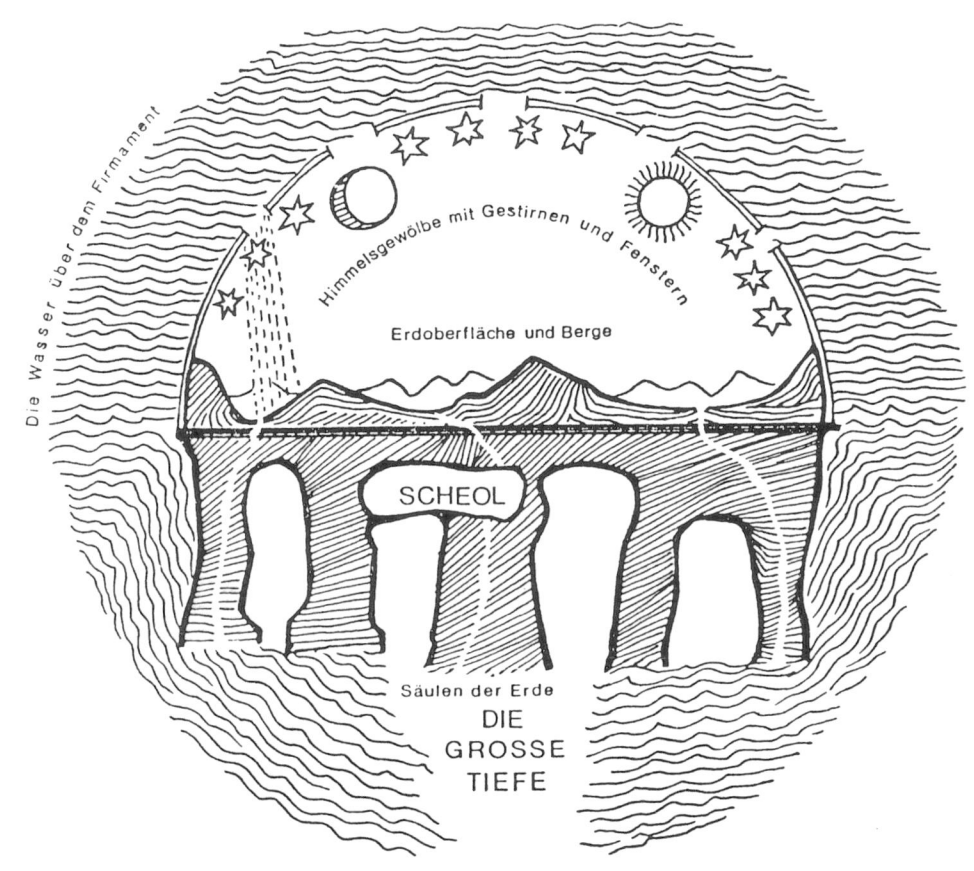

Altorientalisches (biblisches) Weltbild

Doch ist dieses Modell ein Trugschluss. Die europäisch-neuzeitliche Denkweise projiziert sich darin selbst zurück in die Antike – bewaffnet mit einer großen Schere.

Die europäische Neuzeit ist geprägt von immer konsequenterem Bemühen, die Welt zu betrachten und zu erforschen „etsi Deus non daretur" (= auch wenn es Gott nicht gäbe: *Grotius*).

Gott, Götter, himmlische, überirdische Mächte wurden aus dem *Welt*bild ausgeschieden (weggeschnitten).

Als buchstäblich *un*wägbar, *un*messbar, *un*berechenbar gehören sie nicht mehr zum *Welt*-Bild (in der Folge auch nicht mehr zur ʼRealitätʻ). Es war nur konsequent, dass der Astronom *Laplace* auf *Napoleons* Frage nach dem Platz „Gottes" in seinem Weltsystem erklärte, er habe „die Hypothese Gott" nicht benötigt.

Damals entstand auch der *moderne* Begriff „Natur" als Gegenstand für *Natur*-Forschung. *Natur* ist nach *Kant* ganz allgemein „die Existenz der Dinge unter Gesetzen"[1] oder die Gesamtheit der „Erscheinungen in einer durchgängigen Verknüpfung nach notwendigen Gesetzen".[2]

Schon vorher stellt der Philosoph und Mathematiker *René Descartes* einen Neuansatz vor. Er ist der erste, der die Welt-Dinge als „Körper", das heißt für ihn als Geometer, als „Ausdehnung" (*extensio*) definiert. Jedes Ding, jeder Gegenstand ist etwas Ausgedehntes ("res extensa"). Nicht *was* es ist – ein Kreuz oder eine Statue – wird hier ins Auge gefasst, sondern seine formale Verfassung: die Länge, Breite und Tiefe, seine quadratische, rechteckige oder runde Form.

Philosophen der Antike wie *Aristoteles* dachten anders, waren bei aller Abstraktion bemüht, vom *ganzen* Gegenstand auszugehen, um etwas – eine Pflanze, eine Statue – zu erfassen, d.h. dessen Was-sein oder „Wesen" (*essentia*).

---

[1] Kritik der praktischen Vernunft 74
[2] Kritik der reinen Vernunft A 114

Man unterschied wenigstens vier es begründende „Ur-sachen": für den Stoff (zB Holz oder Stein) die *materiale Ursache,* für Form und Gestalt die *formale Ursache,* für das Vorhandensein die *Wirk-Ursache,* für Zweck oder Sinn (*zB Nahrung – Erinnerung, Verehrung*) die *finale Ursache.*

Descartes aber hatte ein Gedanken-Experiment unternommen, hatte im Geist durchprobiert, was einer alles bezweifeln könne (mit mehr oder minder guten Gründen), und war zuletzt auf einen unbezweifelbaren Rest gestoßen: jenseits aller Zweifel behaupte sich die Selbst-Gewissheit des Ich ("ich zweifle = denke, also bin ich"): das sei der ´archimedische Punkt` ("wahr ist, was ich klar und deutlich einsehe") der Selbst- und Welt-Vergewisserung. Da es jedoch „sehr wenig" ist, was ich „klar und deutlich einsehe", steht bei Descartes das Ich als „denkende Substanz" (*res cogitans*) nur noch dem „ausgedehnten Ding" (*res extensa*) in Länge, Breite, Tiefe, Lage, Begrenzung gegenüber. Zwei Urwahrnehmungen also soll es nach Descartes geben: das ausdehnungslos-punktförmige (denkende) Ich, ihm gegenüber ´etwas Ausgedehntes` (somit Messbares).

So kam es, dass man etwa ab *Galilei, Torricelli, Huygens, Newton* mehr und mehr nur auf die *extensive* oder quantitative Verfassung eines Objekts achtet – was mit viel praktischem Nutzen verbunden ist – und als Ursache nur eine *außer* ihm befindliche Quelle seiner Beschaffenheit und seines Verhaltens sucht. Es handelt sich um eine bewusste, methodische Einschränkung der Wahrnehmung.

Ein *Beispiel*: Jemand wirft einen kleinen Ball hoch und schmettert ihn mit einem Schläger etwa 20 m weit. Man kann nun fragen, welche Geschwindigkeit der geschlagene Ball erreicht, ehe er aufgenommen wird oder zur Ruhe kommt, und welche Faktoren dabei zählen. Die Fragestellung grenzt das Interesse an dem Vorgang stark ein. Sie interessiert sich nur für die auf den Ball einwirkende Kraft (Impuls), die Masse des Balls, den Schlagwinkel, für Luftwiderstand und -reibung, den Beitrag der Schwerkraft. Diese Faktoren bewirken zusammen zB das Ergebnis "150 km/h", von einer Lichtschranke gemessen. Die Geschwindigkeit des weiterrollenden Balls bremst schließlich die Bodenreibung ab.

Diese Fragestellung lässt sich als eigenes Seminar-Thema aufziehen, zumal wenn sie durch experimentelle Untersuchungen ergänzt und konkretisiert wird.

Die Untersuchung abstrahiert dabei völlig von der Wahrnehmung eines Tennismatchs in einem Turnier, wo eben der Spieler X dank physischer und mentaler Stärke, Konzentration, Technik, ja gegen parteiliche Zuschauer den entscheidenden "Matchpoint" gegen den Spieler Y erzielte – abstrahiert also vom Tennis als Haupt-Sache, fasst stattdessen nur einen kleinen Aus-Schnitt (eine *Neben*sache) des Ereignisses ins Auge.

Als einer der ersten sah Descartes, kaum hatte er sich einige „Grundbegriffe in der Physik" angeeignet, dass sie sich mehr als die in den Schulen gelehrte „spekulative Philosophie" eignen, „großen Nutzen für das Leben" zu erbringen, und „uns so zu Bemeisterern (*maîtres*) und In-Besitz-Nehmern (*possesseurs*) der Natur machen könnten". Vorausgesetzt, die erkennbaren Dinge werden im Sinne mathematischer Ordnung miteinander in Verbindung gebracht, scheint Descartes „nichts so fern zu liegen, dass man es nicht schließlich erreichte, und nichts so verborgen ..., dass man es nicht entdeckte".[3]

---

3 Abhandlung über die Methode VI 2

In *Newtons* Aperçu, er fühle sich wie ein spielendes Kind am Meeresstrand, das ab und an einen glatten, schönen Kiesel findet, indes der Ozean der Wahrheit unerforscht vor ihm liegt, spürt man den Atem dieses neuen Weltgefühls, Anfang einer ganz neuen Wissenschaft zu sein.

Die „neue Philosophie", wie man die Naturwissenschaft zunächst nennt, wird gedanklich vor allem durch *Descartes* geformt, der das *mechanische* Denken in die Natur hinein trägt:

Er vergleicht etwa den Blutkreislauf bei Tier und Mensch mit einer „Maschine": der Blut-Kreislauf ´funktioniere` „mit der gleichen Notwendigkeit, wie der Mechanismus einer Uhr aus der Kraft, Lage und Gestalt ihrer Gewichte und Räder folgt", und macht schließlich „Automaten oder bewegungsfähige Maschinen" zur Leitidee (Abhandlung V).

So kommt es in der „neuen Philosophie", in der Physik der Mechanik, zur Leitidee, die Natur überhaupt als Maschine aufzufassen und zu behandeln. Hinzu tritt die vor allem von *Gassendi* und *Boyle,* Zeitgenossen Descartes´, betriebene Wiederbelebung der antiken Idee, die Welt bestehe aus Atomen, eine Idee, die sich als Modellvorstellung für das Verhalten idealer Gase auch alsbald bewährt.

Was man heutzutage als „Modell" bezeichnet, scheint freilich in jenen Anfangszeiten durchaus mehr zu sein, hatten sich doch Vorstellung und Gedankengang im Experiment bewährt, fühlten sich in mathematischer Formulierung an wie ´harte Währung`, das heißt, wie die exakte, berechenbare Struktur der Realität selbst.

Man denkt sich Welt und Mensch zunehmend als Maschine ähnlich einem Uhrwerk, das nach eigenen Gesetzen, also autonom, womöglich automatisch abläuft (darin liegt schon der *Ansatz* zum Welt-Modell einer sich selbst steuernden Maschine bzw, differenzierter als *offenes System* gedacht, eines universalen, sich selbst regulierenden Organismus, Modell des 20. Jahrhunderts).

Vor dieser Fülle neuer Gesichtspunkte erscheint das zuvor skizzierte altorientalische Weltbild, das vermeintlich auch der Bibel zugrundeliegt, noch primitiv und naiv.

- *Evolution - eine Glaubensfrage* ?

Wie erwähnt, ist ein wichtiger Faktor des modernen Weltbildes die Idee der *Evolution*. Obwohl von *Darwin* nicht als Angriff gegen die Religion gedacht (er hatte Theologie studiert und abgeschlossen – nur Theologie), wurde es vom materialistischen Zeitgeist (zB von *Marx-Engels*) sogleich als Alternative zum Schöpferglauben aufgefasst und aufbereitet.

Exklusiver Glaube an die Naturwissenschaft ist auch heute verbreitet: nicht selten beanspruchen Fachleute der empirischen Wissenschaften für den naturwissenschaftlichen Ansatz die Gültigkeit der so gewonnenen Erkenntnisse nicht nur im Rahmen ihres methodisch gesicherten (und begrenzten) Zugangs, sondern behaupten auch *weltanschauliche* Gültigkeit: die naturwissenschaftliche Sicht der Entstehung von Welt und Leben sei schon die ganze, allein gültige und sichere.

Dabei stört sie anscheinend wenig, dass ihr ins Weltanschauliche erweiterter Geltungsanspruch nach *Newtons* strenger Festlegung lediglich „Hypothesen" (Newton: *hypotheses non fingo*) aufstellt. Da sie das bloß Hypothetische einer *weltanschaulichen* Geltung ihrer Folgerungen (zB: da alles am Menschen empirisch Feststellbare sich beim Tod auflöst, könne nichts von ihm den Tod überleben!) doch wohl spüren, bringt ein naturwissenschaftlicher Ausgriff auf Weltanschauung leicht „fanatische Mönche des Atheismus, Großinquisitoren des Unglaubens"[4] hervor. Ihrem Eifer können auch – philosophisch unbedarfte – Theologen erliegen.[5] Umgekehrt beweist aber auch der „Urknall" keineswegs den Beginn der Schöpfung noch den Schöpfer als Urheber.[6]

Auch auf kirchlicher Seite wurde die Idee der Evolution im Sinne von Entweder – Oder wahrgenommen, zumal in Bezug auf die Entstehung des Menschen.

Typisch die Reaktion einer englischen Lady (angeblich Pastorenfrau), die auf die erste Version der Evolutionsidee, der Mensch habe Affen zu Vorfahren, reagierte, man solle beten, dass es nicht wahr sei; wenn aber doch wahr, solle man beten, dass es nicht bekannt werde ...

Die römisch-katholische Kirche wurde durch die Evolutionstheorie herausgefordert, die literarische Gattung der Schöpfungstexte neu zu klären.

---

4 Mit dieser Charakterisierung distanzierte sich der Dichter und Zeitkritiker *Heinrich Heine* („Geständnisse") später von früheren Gesinnungsfreunden wie *Hegel, Marx, Ruge* u.a.
5 Das zeigt das Beispiel des ehemaligen ev. Theologen *Gerd Lüdemann* (Göttingen), der sich 1998 u.a. mit Berufung auf den ´Urknall` u. die Evolutionslehre vom bibl. Gottesglauben lossagte: dazu etwa *Lauxmann*, 91f.
6 Darauf bestand gegen *Papst Pius XII.* der (von *A. Einstein* geförderte) belgische Astrophysiker (u. kath. Priester) *Georges Lemaître*, Initiator der Idee einer „Urexplosion": diese Theorie bleibe „komplett außerhalb irgendwelcher metaphysischer oder religiöser Fragestellungen" und lasse „Materialisten die Möglichkeit, jede überirdische Existenz abzustreiten" (zit. nach SPIEGEL ONLINE vom 1.9.2013).

Zunächst (röm. Bibelkommission 1909) entschied sie, an der *historischen* Zuverlässigkeit der Texte („Tatsachen") sei unbedingt festzuhalten. Doch räumte die gleiche Kommission 1948 (Brief an Kardinal Suhard) ein, die Frage der literarischen Formen der Genesis-Kapitel sei verwickelt, dunkel, die Texte seien nicht zu beurteilen nach den literarischen Formen griechisch-römischen und modernen Schrifttums, man könne ihre Geschichtlichkeit weder in Bausch und Bogen behaupten noch verwerfen. Die Päpste Pius XII. und Johannes Paul II. erklärten schließlich, die Evolutionstheorie sei mit dem Schöpferglauben vereinbar, wenigstens was die körperliche Entwicklung des Menschen betrifft; doch sei festzuhalten, dass die Seele von Gott individuell erschaffen wird.

Freilich saß das Misstrauen gegen die Evolutionstheorie tiefer, als man offiziell und rational zugab. Das bekam der Jesuitenpater *Teilhard de Chardin* zu spüren, in der 1. Hälfte des 20. Jahrhunderts ein international angesehener Paläontologe. Er suchte eine Synthese des Theorems einer biologischen Evolution mit dem christlichen Glauben und wurde wegen seiner Entwürfe einer solchen Synthese von der römischen Glaubensbehörde bis an sein Lebensende und darüber hinaus verfolgt. Nach seinem Tod aber wurden seine Manuskripte in rascher Folge veröffentlicht und erzeugten einen ungeheuren Widerhall, nicht zuletzt auf dem 2. Vatikanischen Konzil. Teilhard war es, der mit seinen lange verbotenen Schriften die für Theologen bis dahin erschreckend hohe Mauer Evolution überspringen half und nahelegte, Schöpfung und Entwicklung nicht gegeneinander, sondern mit- und ineinander zu sehen: Schöpfung *in* Entwicklung.

Gott schuf nicht nur einst, in Vorzeit, vielmehr umspanne der eine, unteilbare Schöpfer-Akt Gottes die ganze Werde-Welt in Zeit und Geschichte.

Teilhards Vision ist faszinierend, leidenschaftlich, optimistisch. Sie geht im Ansatz ganz mit (dem Theologen!) Charles Darwin einig:

Es ist wahrlich etwas Erhabenes an der Auffassung, dass der Schöpfer den Keim des Lebens, das uns umgibt, nur wenigen oder gar nur einer einzigen Form eingehaucht hat und dass, während sich unsere Erde nach den Gesetzen der Schwerkraft im Kreise bewegt, aus einem so schlichten Anfang eine unendliche Zahl der schönsten und wunderbarsten Formen entstand und noch weiter entsteht.[7]

Doch für die Generationen nach ihm stellt sich ein Problem, das auch Teilhard womöglich unterschätzte: die evolutive Sicht der Welt gewinnt quasi weltanschauliche Bedeutung. Eine Ersatz-Religion, alternativ zum Gottesglauben, alternativ zum Schöpfer-Glauben.

Als Sprecher für viele meint ein zeitgenössischer Philosoph, heutzutage habe sich die Überzeugung verdichtet, „dass das physische Weltall schon das Ganze im Letzten ist". Weder Theismus noch Pantheismus seien gefragt, der *Naturalismus* habe die größte Überzeugungskraft: heute gelte nicht Gott, sondern die Natur, die Welt, das Weltall als absolut, als Letztes. Anstelle Gottes sei das Weltall die letzte Instanz.

---

7 Schluss von *Ch. Darwin*, „Die Entstehung der Arten"; Zitat nach *E.P. Fischer*, 305; *Blume*, 33-37

Das besage, dass

„das in nahezu unermessliche Weiten sich erstreckende, expandierende Universum mit seinen Milliarden von Sonnen umfassenden Milliarden Galaxien eben alles ist. Innerhalb dieses Universums ist der Mensch als absolut vergängliches Stück sich um sich selbst sorgende organische Materie auf einem winzigen, vergänglichen Planeten am Rande einer durchschnittlichen Spiralgalaxie angesiedelt".[8]

Der Mensch sei ein höchst unwahrscheinliches Produkt der Evolution, dazu bestimmt, „eines Tages wieder spurlos von der Erde" zu verschwinden. Der amerikanische Kosmologe *Weinberg* schrieb einmal: Der bisweilen freundlich-heimelige Anblick der Erde täusche; das Weltall (und mit ihm der Mensch) gehe „seiner Auslöschung durch unendliche Kälte oder unerträgliche Hitze entgegen", wirke damit „umso sinnloser".[9]

Wenn man die Randstellung des Menschen in der Galaxis, vielleicht im ganzen Weltall (ein Weltall, das sich aus sich selbst erkläre – so der verbreitete Eindruck), nach Art eines religiösen Dogmas stilisiert, kann der Gedanke an Gott als „verjährte Hypothese" wirken. Wie erwähnt, hatte schon der Astronom *Laplace* vor Napoleon erklärt, er habe „diese Hypothese nicht benötigt". Er hatte Newton genau verstanden: *Isaac Newton* hatte festgelegt, man dürfe „an Ursachen zur Erklärung natürlicher Dinge nicht mehr zulassen, als wahr sind und zur Erklärung jener Erscheinung ausreichen". Hypothesen erfinde er nicht, betonte er; Hypothese sei alles, „was nicht aus den Erscheinungen folgt".

---

8   *Wetz*, 326f, in Anlehnung an *Camus, Monod* u.a.
9   *Weinberg*, 212f

Aus den Erscheinungen leite man Sätze ab „und verallgemeinert sie durch Induktion".[10]

Laplace's von Newton angeregte Äußerung, er habe die Hypothese „Gott" nicht benötigt, wurde damals in 'aufgeklärten' Kreisen gefeiert, in christlichen beklagt – man konnte Naturwissenschaft und Religion nicht auseinanderhalten, was vielen Menschen bis heute schwerfällt – in der Kirche wie bei Vertretern der Naturwissenschaften.

Das zeigen u.a. Diskussionen über das sogenannte Anthropische Prinzip, vor Jahrzehnten von einigen Kosmologen formuliert, denen aufgefallen war, dass ohne die schon frühe Bildung von Elementen wie Wasserstoff, Kohlenstoff, Sauerstoff, Metallen und anderen Substanzen, wie sie v.a. in den Sternen durch Kernreaktionen stattfindet, auch Entstehung und Entwicklung von Lebewesen bis hin zu Primaten nicht möglich gewesen wäre. Daraus folgerten manche, es müsse, da es intelligente Wesen gibt, der Kosmos in seinen Eigenschaften so beschaffen sein, dass er die Entstehung solcher Wesen (zB Menschen) zulässt (Kosmos 'Mensch-kompatibel'). Andere verstärkten diese Position noch: der Kosmos sei nach Gesetzen und Aufbau so beschaffen, dass er einmal Menschen hervorbringen musste! Teilhard de Chardin, noch weiter gehend, nahm an, eine zielgerichtete (göttliche) Kraft strukturiere den Kosmos so, dass er in der Erzeugung von Leben und Mensch seinen Gipfel erreicht. Derlei Annahmen lassen sich selbstverständlich mit dem Instrumentarium der Naturwissenschaften nicht verifizieren, weshalb etliche biologische Kollegen Teilhards Vision ablehnten. Heute nennen manche eingefleischte Wissenschaftler das sog. Anthropische Prinzip „completely ridiculous".

---

10 *Newton*, Mathematische Grundlagen III, Scholium Generale 230

Doch ist umgekehrt auch die Behauptung mancher Vertreter ihrer Zunft, das Menschenleben im Kosmos sei eine „sinnlose" Frucht, der Mensch darin nicht vorgesehen und verloren, quasi eine Umkehrung des „anthropischen Prinzips", gleichfalls eine „Hypothese" der Art, wie sie Newton ablehnte, da ihr Inhalt (der Mensch eine „sinnlose" Frucht) nicht aus den Erscheinungen folgt und den Erklärungsradius von Naturwissenschaft überzieht. Der erwähnte Physiker Steven Weinberg, der das Universum nicht als Schöpfung, sondern als Ergebnis unpersönlicher Gesetze und Kräfte sieht, nennt denn auch Erfahrungen des „Bösen" und des Leidens als Grund für Nicht-Glauben.

Eines aber sollte Christen heute nachdenklich machen: Die methodische Konsequenz der Naturwissenschaft hatte, zusammen mit ihrem Erkenntnisgewinn, eine bis in die Neuzeit selbstverständliche Ansicht schon der alten Griechen (*Platon*, *Aristoteles*) fraglich gemacht, jene, dass man Gott als obersten oder letzten ´Baustein` für die Welt-Erklärung brauche, also dafür, wie die Welt gebaut ist und funktioniert.

Die Zeitgenossen haben den unabweisbaren Eindruck: *Gott* lässt sich dem wohlgeordneten Gefüge der Naturwissenschaft nicht ´aufpfropfen` so, als runde Gott deren Ergebnisse quasi ab oder mache sie sicher (wie frühere Epochen dachten). Deshalb stieß, wie erwähnt, *Teilhards* Synthese von Evolutionstheorie und Schöpfungsglauben auf Widerspruch: das sei keine Wissenschaft und keine wissenschaftliche Erkenntnis.

Wohl aber könnte sie eine Anregung aus den Quellen der Glaubensüberlieferung sein.

- *Hängt das biblische Gotteszeugnis an einem überholten Weltbild?*

Wie also sollen sich fragende Christen (und Theologen) in der heutigen Situation verhalten?

Sie können zum einen darauf verweisen, dass alle Menschen Fragen haben und Fragen stellen (zum Leben, zum Sinn, zu Leid und Tod, zu Recht und Unrecht), deren Begriffe in Nomenklatur und Semantik der Naturwissenschaften nicht vorkommen, Fragen, die man für sinnlos erklären, aber empirisch nicht beantworten kann.

Zum anderen sollten an der Bibel orientierte Christen sich fragen, ob das Gottes-Zeugnis der Bibel nicht doch eine andere Bedeutung hat, als Herkunft, Bau und Funktion der Welt zu erklären, wie man so lange meinte; ob es nicht die Bedeutung eines *Geschenkes*, eines ′von unten`, aus Mensch-Perspektive nicht zu errechnenden Geschenkes hat, die Bedeutung eines Entgegenkommens, einer *Gnade*, die Bedeutung einer *Liebe*, welche die Gesetze dieser Welt zwar respektiert, aber nicht in ihnen aufgeht, weil sie – diese Gnade, diese Liebe – gerade *nicht* ein Element, auch *nicht* das sublimste, dieser Welt ist.

Das Zeugnis der Bibel ist eindeutig: „*Was kein Auge gesehen, was kein Ohr gehört, was in keines Menschen Herz aufgekommen ist, hat Gott denen bereitet, die ihn lieben*" (Jes 64,3 /1Kor 2,9).

Anders, prosaischer gesagt: Der tägliche Betrieb läuft in fast allen Bereichen ohne „Gott". Am Rand der oft hektischen Aufmerksamkeit für aktuelle Forderungen des Betriebs bleibt er liegen wie ein unbeachtetes, noch unentdecktes Geschenk, von dem man nur 'weiß', dass es nicht das enthält, was man gerade 'braucht'.

Die Befassung mit dem biblischen Zeugnis will zur Entdeckung dieses Geschenks helfen. Es geht v.a. darum zu entdecken, dass Gott ein Gott des Lebens ist, der Lebensfülle, ein Gott, der will, dass seine Geschöpfe *leben*. Das ist eine für heute – für Unterricht, Verkündigung, Glaubensgespräche – wesentliche Notiz.

Wenn es unter modernen Menschen strittig ist, ob hinter dem Kosmos Gott steht, sollten Christen bedenken, dass sie nicht an *irgend*einen Gott glauben, einen abstrakten Gott, Gott weltanschaulicher Theorie.[11]

Die Autoren der biblischen Schöpfungserzählungen bezeugen niemand anderen als *Israels* Gott. Ihr *Schöpfer* ist von jeher eins mit dem Gott der „Väter", der sich zu erkennen gab und zu erkennen gibt, der Gott, mit dem man Erfahrung hat, den man aus gläubiger Erfahrung kennt:

---

11 Bei einer vom Heidelberger Institut für Theoretische Studien (HITS) veranstalteten, kontroversen Fachdiskussion über physikalische Argumente für u. gegen das Modell „kosmischer Urknall" erinnerte am Ende *Klaus Tschira* (Physiker, SAP-Gründer, Geschäftsführer des HITS) an das alternative „Weltentstehungsmodell" der Bibel, konkret den Prolog des Joh-Evangeliums (Fortschreibung von Gen 1), wonach alles – die Welt als ganze – geworden sei durch das göttliche Wort. Die Berufung auf die Bibel sollte zwischen den Fronten (Pro und Contra „Urknall") vermitteln. Doch (so die Zeitung) die Antworten der einen wie der anderen auf die Frage, was 'vor' dem „Urknall" war: Nichts oder Gott, würden vom Menschenverstand in Zweifel gezogen (Bericht: Rhein-Neckar-Zeitung vom 27 6. 2013). Wir möchten hier betonen, dass der Hinweis auf den Gott der Bibel *nicht* gegen die Kosmologie auf ihrer eigenen Ebene ausgespielt werden darf (es wäre die Umkehrung der *Laplace*-Pointe); es gilt vielmehr, die ureigene 'Dimension' und Sprechweise der Bibel wahrzunehmen, die sich mit Perspektiven der Naturwissenschaft allenfalls am Rande berührt. *K. Tschira*, die Bibel zitierend, mag gefühlt haben, dass die methodisch scharf umgrenzte Sehweise der Naturwissenschaft *nicht* die *Totalität* der Weltwirklichkeit erreicht.

Gott, Bundesherr Israels, der sich durch Israel als Dolmetscher *allen* Menschen zuwendet (als Völker-Retter-Gott); der sich verbürgt, dass keine noch so große Sünde der Menschen seine Sorge stornieren kann (Gen 5,1–9,29). *Diesen* (lebensrettende Solidarität stiftenden) Gott sieht Israel als *Anfang* der ganzen Schöpfung. *Diesen* Gott verkündet biblischer Glaube den Völkern als Stifter von Leben und Welt. Israel schließt *nicht* kausal von der Welt auf Gott, *sondern* entdeckt: Der *„Gott der Väter" hat seine Spuren, seine Art der ganzen Welt eingestiftet so, dass sie seine Gabe von Anfang an ist*!

Israel kommt aus seiner Gotteserfahrung an den Anfang der Welt. Die Schöpfungstexte sind daher Glaubenszeugnisse, bezeugt „aus Glauben auf Glauben hin", wie Paulus vom Evangelium sagt (Röm 1,17: ἐκ πίστεως εἰς πίστιν).[12]

Weil Zeugnisse schon bestehenden Gottesglaubens, sollten Christen nicht erwarten, sie könnten die Genesis-Texte ungläubigen Zeitgenossen *ohne weiteres* einsichtig machen!

---

12 Wenn Paulus dann (Röm 1,19ff) alle Menschen im Unheil sieht, da sie ihrer von Gott gegebenen Gotteserkenntnis zuwider handelten u. Nichtgöttliches als göttlich verehrten, folgt er zum einen damaliger (auch heute antreffbarer) Überzeugung, falsche Religion/Weltanschauung sei schuldhaft (geg. das Gewissen!), andrerseits sieht er Menschen allgemein als zu schwach, dem Rechttun konsequent auf die Spur zu kommen u. auf ihr zu bleiben: so sind *alle* zu ihrem Heil auf das Evangelium angewiesen. Heute ist die Emanzipationslust des „mündigen" Menschen wichtigste Hürde vor dem Glauben. Ihn hemmt die an die Basis gelangte Aufklärung, die das „Buch, das für mich Verstand hat", den „Seelsorger, der für mich Gewissen hat",verabschiedet zugunsten der Devise: „Habe Mut, dich deines *eigenen* [„ohne Leitung eines anderen"] Verstandes zu bedienen!" (Kant).

Die inzwischen gut begründete Evolutionstheorie steht in deren Augen im Widerspruch zu den Schöpfungserzählungen der Bibel, zumal wenn man diese wie wörtliche Berichte, gleichsam wie Schöpfungsprotokolle – heißt: als Weltentstehungsprotokolle – liest. Tatsächlich haben die biblischen Texte weder einen naturkundlichen noch philosophischen Gehalt, vielmehr sprechen sie eine quasi-mythische *und* sakral-bekenntnishafte Sprache, die bibelkundlich zu erschließen ist. Hat man ihren eigentlichen biblischen Gehalt erschlossen, erscheint die evolutive Perspektive moderner Naturwissenschaft nicht mehr als Gegnerin, sondern *sogar* als Verständnishilfe für die vollere Erfassung der biblischen Botschaft.

Vergegenwärtigen wir uns zunächst differenzierter das Weltbild, das den Genesis-Texten zugrundeliegt und das Israel mit Nachbarvölkern in großem Maße teilte.

Die übliche Rekonstruktion des altorientalisch-biblischen Weltbilds (s.o.) leidet an einem unverzeihlichen Fehler, weil man die damalige Welt auf die vermeintlich rein natürlichen Elemente reduzierte – ein Vorurteil, welches die typisierte neuzeitliche Weltsicht in das antike orientalische Weltbild projizieren wollte.

Die Bibelwissenschaft hat diesen Fehler erkannt. So erstellte sie ein heuristisch adäquateres Modell (nach *Keel-Cornelius*). Diese Rekonstruktion *sieht mehr* bedeutsame Aspekte damaliger Weltanschauung, ist und bleibt aber ein – lehrreicher – Notbehelf.

Dieses Modell ist nicht segmental konzipiert (wie das frühere), sondern integral, symbolisch, existenziell, nimmt die geistigen und religiösen Kräfte wahr und sieht das All gegründet in Gott- bzw. in Göttermacht.

Das biblische Weltbild nach Keel-Cornelius

Auf der geöffneten Tora-Rolle liest man: „JHWH hat die Erde in Weisheit gegründet" (Spr 3,19a; Ps 104,24 u.a.). Versinnbildlicht wird die Aussage durch zwei Arme (Hieroglyphe für ägyptische KA = Lebenskraft), die die „Säulen" bzw. „Grundfesten der Berge / der Erde" stützen (1Sam 2,8; Ps 18,8.16; 75,4; Hi 9,6; Jes 24,18 u.ö.). Der gehörnte Drache (12.Jh v.C., Susa) zeigt die ständige Bedrohung der Welt durch die Chaos-Macht, im AT das Meer (יָם) und dessen Repräsentanten „Tannin", „Rahab", „Leviathan". Der Tempel auf dem Zion – der „Berg" ist Sinnbild der aus den Wassern aufgetauchten Welt – mit Kerubenthron (und Seraphen) des Gott-Königs verkörpert das Bollwerk gegen andrängende Chaosfluten. Gottes Gegenwart verwandelt Wassermassen in Bäche, Quellen, Kanäle, indes die Bäume rechts und links die von Gott (als Schöpfer בּוֹרֵא, als Stifter קָנָה) ausgehende Fruchtbarkeit der Erde darstellen. Darüber die geflügelte Sonne: Licht vertreibt die Finsternis. Für den biblischen Menschen ist es ein Wunder, ein Geschenk, dass die von JHWH über dem „Nichts" gehaltene Erde nicht in den Chaosfluten versinkt oder dahin zurück sinkt:

„Er spannt den Nord(himmel) [zāphōn] über der Leere [tohu] und hängt die Erde auf Nicht-was [בְּלִי־מָה] (vgl. Hi 26,7).

An den „Enden der Erde" aber lauert Chaos.

Chaos meint hier mehr als den physikalischen Begriff.[13]

---

13 *Die klassische Physik versteht (anknüpfend am täglichen Sprachgebrauch) unter Chaos den Zustand völliger Unordnung, in den ein geschlossenes System eingetreten ist, sobald die in ihm ablaufenden Prozesse die darin enthaltene Energie unumkehrbar in Wärme verwandelt haben (Entropie). Außerhalb der isolierten, vereinfachten Ordnung der Experimental-Modelle sind die Phänomene von Natur und Welt jedoch offene Systeme, die sich nicht-linear verhalten.*

Theologische Anmerkung: *Angestoßen durch die Wetterkunde, erkannte man, dass das Verhalten offener Systeme – weil empfindlich abhängig von variablen Anfangsbedingungen – zwar kurzfristig vorhersagbar, mittel- und langfristig aber (wegen zunehmender Komplexität) unvorhersagbar ist. Dennoch tragen auch offene Systeme eine Tendenz zu innerer Ordnung in sich („Selbst-Organisation"). Man spricht vom „deterministischen Chaos". Offene Systeme stellen ein Mittleres zwischen determiniertem und zufälligem Geschehen dar. Von den Modalitäten chaos-theoretischer Wirklichkeits-Betrachtung angeregte Theologen behaupten, traditionelle Theologie habe Gottes Welt-Schöpfung und Vorsehung in Analogie zu Herstellung und Kontrolle eines statisch-geschlossenen Systems gedeutet, das heute überholt und unplausibel sei. Jedes statische Schöpfungs- und Vorsehungs-Modell werde der nicht-linearen Dynamik des normalen Weltgeschehens nicht gerecht. Die Gestalt, die das Weltgeschehen annehmen wird, sei prinzipiell offen. Ordnung entstehe – unvorhersehbar (nur retrospektivisch einsichtig) – als relativ stabile Struktur aus dem Chaos. Gott sei also vergleichbar einem Spieler, der gleichwohl feste Spielregeln befolgt. Seine Vorsehung garantiere so die die Kontinuität sichernden Regelsysteme und inspiriere je neue Anfänge (Anfangsbedingungen) im Sinne des von ihm Gewollten und ´Vorgesehenen`. Daraus sei nicht zu folgern, Gott habe jedes individuelle Ereignis als solches vorgesehen und beabsichtigt. Dafür gelte: „Gott öffnet Zufalls-Spielräume, um auf diese Weise das der Schöpfung inhärente kreative Potential frei zu setzen, das auf dem Weg der Selbst-Organisation aus Chaos zu Strukturen höherer Komplexität emergiert". Schöpfung selbst sei also kein actus primus, sondern „long-range-strategy" und gleichsam ´post-stabilisierende Harmonie`.*

Es sei nochmals betont, dass Denken und Sprache der Bibel *heils-geschichtlich,* nicht naturwissenschaftlich oder philosophisch angelegt sind. Die Bibel *lässt auf sich beruhen*, *wie, auf welche Weise* Gottes Lebens- und Menschen-Freundlichkeit die Dinge dem Leben und dem Menschen *zu-gute* vorsieht, macht, fügt.

Sie tritt, recht verstanden, weder methodisch noch inhaltlich in Konkurrenz zu Evolutionstheorie, physikalischer Kosmologie usw. Sie spricht von Chaos und Ordnung im Sinne von Unheil und Heil, von Tod und Leben, versteht unter Ordnung also deutlich mehr als Struktur, Regel usw.

Mit ´Chaos` meint sie (gemäß altgriechischem Wortsinn *chaō, chainō, chaskō, tò cháos*) den „gähnenden Rachen", d.h. das Abgründige, Verschlingenwollende, Unheimliche in Lebenslauf und Welt.

Das Chaos der Geschichte hat seit jeher die Aspekte *Wüste (Dürre), Flut, Finsternis, Tod.*

Chaoskampf — *Muscheltäfelchen, evtl. akkadisch (3. Jt.)*

Chaoskampf: *Altägyptischer Gott Seth gegen Apophis-Schlange (Heruben-Papyrus, 11./10.Jh. v. Chr.)*

Von Gott dagegen spricht die Bibel als vom *Gegen*mächtigen: *Gegen*macht zur Chaosmacht – aber nicht in dualistischem Sinne, denn Gott ist der Überlegene, der Souverän, der die Macht des Chaos bannt und unterwirft. Instruktive Bilder bietet der 104. Psalm:

Er hat die Erde gegründet auf ihre Pfeiler,
sie kann nicht zum Wanken gebracht werden auf ewig und immer.
Das Urmeer bedeckte sie wie ein Kleid,
bis über die Berge standen die Wasser.

Vor deinem Anschreien flohen sie,

vor der Stimme deines Grollens hasteten sie davon,

sie stiegen die Berge hinauf, fuhren hinab in die Täler

zu dem Ort, den du gegründet für sie.

Eine Grenze bestimmtest du, die sie nicht überschreiten dürfen,

sie dürfen nicht zurückkehren, um wieder die Erde zu bedecken (vv 5-9; Ü nach *E. Zenger*).

Ungeübte beurteilen und verwerfen solche Verse spontan nach heutigem Naturwissen. Aus ihnen spricht aber ein anderes Denken – wie in den letzten Versen: Gott hat dem Chaos eine Grenze gesetzt, die es nicht überschreiten darf – in biblischer Sicht nur, weil Gott tagtäglich gegen es sein Machtwort setzt, ihm gebietet, wo es bleiben „darf".

In Katastrophen und Unglück erfährt der biblische Mensch: Chaos will sich erheben, die zugewiesenen Grenzen immer wieder überschreiten, bedroht Menschenleben und Friede. Diese Sehweise ist auch heute verständlich. Als Weihnachten 2004 ein *Tsunami* die Pazifikküsten verwüstete, untersuchte man deren Ursache nicht neutral, quasi polizei-technisch („wer hat hier versagt/fahrlässig gehandelt?"), man erkannte auf „höhere *Gewalt*" (vor der man nur warnen [Warnsysteme errichten] kann). In unzähligen Gebeten, Kommentaren, Talk-Shows stand spontan wieder *Gott* im Raum, der nach alter Überlieferung dem Chaos Grenzen setzte, die der alte „Drache" (*Rahab*, *Leviathan*) fatalerweise wieder übertrat.

Viele Leute, die Gott sonst ignorieren, hielten ihm vor, er habe unterlassen zu tun, was seines Amtes sei: die Chaos-Mächte in Grenzen, also unschädlich, zu halten. Gott bestätige quasi immer wieder selbst, wie richtig es sei, nicht an ihn zu glauben ...

Wer den Tsunami nur geophysikalisch, naturalistisch (Natur als letzte Instanz) sehen wollte, konnte angesichts Hunderttausender Toter und Vermisster den entsetzten Angehörigen nur achselzuckend vorhalten: *Ihre Leute waren eben zur falschen Zeit am falschen Ort!*

Aber: Die Menschen räsonnierten „im Anfang" nicht etwa neutral ´über` Gott (wie über den Hersteller der ´Weltuhr`) und darüber, ob man die „Hypothese" Gott „brauche" oder nicht. Vielmehr gingen sie von ihrer Basiserfahrung aus: ´Normalzustand` der Welt ist (wäre) *tohu wa bohu,* Chaos will alles überfluten (Gen 1,2!), und von ihrer *Ur*erfahrung: trotzdem ist entstanden – entsteht immer wieder – mitten im Chaos eine Lichtung, zeigt sich eine Höhle, ein Hohlraum, ein *Lebens*raum, ein Weg mitten im Meer – diese Urerfahrung nennen die Menschen der Bibel *Immanu-El* (Gott mit uns) oder JHWH (ER, der *da ist* – Fürchtet euch nicht!).[14] An diesen bis heute schöpferisch-Heil schaffend tätigen Gott wenden sich die Glaubenden der Bibel, denn Er schafft auch heute Lebensraum am Chaos und gegen das Chaos. Bei *Camus* trägt das Chaos den Namen „Pest" für jene vielgestaltige Macht, die Menschen versklavt, leiden lässt und ihrem Leben Sinn raubt.

---

14 Auch der biblische (altsemitische) Gottes-Name ʾ *El* weist auf diese Urerfahrung hin, insofern seine unvokalisierte Wurzel (אל) die Bedeutungen von *vor, gegen, nicht, Widder* und *Gewalt* vereinigt, eine Gegengewalt, Widermacht bezeichnend, von Menschen als rettend aus Bedrohung und Untergangsnot erfahren: *Fischer,* 275-282 !

Der Gläubige glaubt an Gott, weniger als Gerichtsvollzieher (wie P. Paneloux), sondern an Gott, der „Licht ist und die Finsternis *erhellt*, auch wenn er sie nicht zerstreut" (Papst *Franziskus* an den Agnostiker Eugenio *Scalfari*).

Seelsorger armer Gemeinden in Elendsgebieten (zB Lateinamerikas) berichten seit langem, für die Armen sei es das größte Wunder, dass sie (noch) leben. Sie siedeln am Rand des Nichts wie auch des Wunders. Täglich registrieren sie das Wunder, dass eine Macht „über alle irdischen Mächte hinaus da ist", wirkt, sie ermuntert, am Leben erhält.[15] Sie sind ähnlich offen für Gott und Schöpfer wie die armen Frommen (עֲנָוִים) in Alt-Israel.

Von *Gott* redet die Bibel, der ganze Alte Orient nicht theoretisch, spielerisch (brauchen wir Gott noch als ʹMitspielerʹ?), sondern aus *existenzieller Betroffenheit!* Modernen Menschen, die die Frage ʹExistiert Gott?ʹ als Theorie-Frage angehen, würden die Alten sagen: Ihr wisst nicht, worum es geht; kennt die *Abgründe* nicht, könnt *nicht* urteilen und mitreden!

Zudem sah der Alte Orient Menschen nicht individualistisch, wie die Moderne, sondern in gelebter *Beziehung* zu ihrer sozialen Gruppe, Sippe, ihrem Volk: hier war Gott gegenwärtig. Kein Ich-Glaube, sondern Wir-Glaube. Allerdings konnte die Gruppe *auch* Ort chaotischer Einbrüche werden.

---

15 Vgl. *Hoornaert*, 179f

Die Bibel erkannte auch die Menschen selbst, die Gruppe, als Einfallstor des Unheimlichen, Leben zerstörenden Grauens und Grausamen (vgl. Gen 3-4. 6-7 u.ö.).[16]

– *Die Entwicklung der Schöpfung*

Das moderne Paradigma „Evolution" ist lehrreich auch für das Glaubensverständnis. Zunächst lässt evolutives Denken, wie erwähnt, verstehen, dass Leben, Welt, Kosmos nicht schon fertiggestellt, sondern noch im Werden, in Entwicklung sind.

Die Größen Leben, Welt, Kosmos zählen aber, religiös gesehen, zur Schöpfung. Also gilt: Auch als Schöpfung betrachtet, ist die Welt noch nicht fertig. Die Schöpfung ist – soweit wir wahrnehmen – räumlich und zeitlich gedehnt. Vor uns, durch uns hindurch erstreckt sie sich aus der Vergangenheit in die Gegenwart und überschreitet beide in die Zukunft. Wir im und vom Augenblick lebende Wesen erfahren die Schöpfung in der Streckung in Raum und Zeit.[17]

---

16 Aktuelles Beispiel: von derzeit ca. 7 Milliarden Menschen auf der Erde lebt $^1/_8$, nahezu 1 Milliarde Menschen, in Hunger, v.a. in Asien, in der Pazifikregion, in Afrika. Nach UN-Unterlagen sterben jährlich etwa 9 Millionen Menschen an Hunger; statistisch stirbt alle 3 Sekunden ein Mensch an Hunger (Quelle: FAO). Die Ursachen des Hungers sind seit mindestens 60 Jahren wohlbekannt, doch gelingt der wohlhabenden Menschheit die Behebung der Not nicht, ihr fehlen guter Wille, Entschlossenheit, Barmherzigkeit – das weit ausgelegte Eigeninteresse von Staaten, Volksgemeinschaften und Gruppen gewinnt zumeist die Oberhand, mit der Folge, dass sich die Not seit Jahrzehnten ständig verschärft.

17 Vor Gott ist sie ein einziger Akt u. ungeteiltes Ganzes, so die Tradition im Anschluss an Ps 90,1-4: *Boethius,* Trost, V; *Thomas v. Aquin,* Summe, c. 55; *Duns Scotus,* Abhandlung c. IV, 8. Satz; *v. Kues,* Ursprung, 21ff; *Leibniz,* Theodizee §§ 7. 395. 398; Monadologie 47f.

Damit ist nicht gemeint, auch der Schöpfer selbst sei noch im Werden, wie es sich manche (zB *Hegel, Whitehead, Jonas*) vorstellen,. Wohl aber sind, für *unsere* Wahrnehmung, Gottes Schöpfer-Handeln und Heils-Wirken ebenso noch auf dem Wege. Dies wird zudem durch das auf Zukunft gestimmte Zeugnis der Bibel („Tag des Herrn", „neuer Himmel, neue Erde") nahegelegt.

Mit anderen Worten: Wenn Naturwissenschaft heute lehrt, dass wir uns in einer Welt *im Werden* befinden, ist auch anzunehmen, dass analog die *Schöpfung im Werden* ist. *Teilhard de Chardin* vertrat als Paläontologe und Christ eine „Schöpfung evolutiven Typs" und folgerte, die Schöpfung sei „ein der Dauer der Welt koextensiver Akt", habe „nie aufgehört", sondern entfalte sich als „eine große fortwährende Handlung ... über die Gesamtheit der Zeit", sodass sich die Welt „ständig ... ein wenig mehr über das Nichts erhebe".[18] Doch präzisiert er: „Die Evolution ... ist keineswegs 'schöpferisch`, wie es die Wissenschaft eine Zeit lang glauben konnte. Vielmehr ist sie [die Evolution] für unsere Erfahrung in Raum und Zeit der Ausdruck [ihr Gesicht – K.F.] der Schöpfung".[19]

Wir Heutigen leben somit in einer sich in Raum und Zeit herausbildenden Schöpfung – anders gesagt: Auch die Schöpfung ist noch auf dem Wege, und wir finden uns mittendrin!

---

18 Zitiert nach *Haas*, Art. Schöpfung (création), 294. 297. *Teilhard* sah die Schöpfung zumal in der zunehmenden Vereinigung („complexification") der Dinge (d.h. im „dritten Unendlichen") wirksam und quasi anschaulich werden.

19 *Teilhard de Chardin* (1966), 117f; Übers. KF.- Die meisten Wissenschaftler jedoch halten die *Natur* für *schöpferisch*.

Die Konsequenzen aus dieser auf Zukunft hin orientierten Schöpfung müssen noch klarer gesehen werden. Dafür kann die Entwicklungslehre *maieutisch* (als „Hebamme") dienen.

– *Von der Eigenständigkeit der Geschöpfe*

Ein weiterer Gesichtspunkt der Schöpfung hat hier Gewicht.
Die traditionelle Schöpfungslehre (wie sie auch der Katechismus der Katholischen Kirche lehrt) ist bemüht, vor allem Gott den Schöpfer, seine Einzigkeit, Freiheit, Alleinzuständigkeit, absolute Unabhängigkeit vom Geschaffenen usw, dazu die völlige und bleibende Abhängigkeit der Geschöpfe vom Schöpfer – er *erhält* sie – herauszustellen.[20] M.a.W. ist kirchliche Schöpfungslehre so massiv auf den Schöpfer-Gott zentriert, dass sie das *Eigensein*, die Eigen-Wirklichkeit der *Schöpfung* nur nebenbei erwähnt, meist aber unterbelichtet lässt.
Umgekehrt sind Naturwissenschaftler von der multiplen Eigengesetzlichkeit der Natur so fasziniert, dass sie Vorgänge und Entwicklungen in der Natur auf keine außer-natürliche Quelle oder Ursache zurückführen wollen, ja dürfen (widrigenfalls büßen sie das Ansehen als Wissenschaftler ein), vielmehr von der Forderung ausgehen, es müsse *für jedes Ereignis, jede Größe, jede Relation und Entwicklung eine* natürliche *(naturimmanente) Ursache geben.*[21]

---

20 Vgl. zB *Thomas von Aquin*, Summe II, cap. VI – XXX !
21 Ein heuristisches Prinzip der Naturwissenschaften, das sich bisher in großen Zügen bewährt (ob auch in Zukunft, muss sich zeigen). Das Prinzip tangiert aber den bibl. Schöpfungsglauben nicht und ist auch nicht zuständig für Lebensfragen der Menschen.

Die traditionelle theologische Unterbelichtung der *Eigen*wirklichkeit der Kreatur, der Welt zugunsten ihrer Abhängigkeit vom absolut freien, allmächtigen Schöpfer-Gott[22] veranlasste *Karl Rahner* häufig zu der Klarstellung: die Kreatur *ist* durch die Erschaffung „wirklich und von Gott verschiedene, echte Wirklichkeit und kein bloßer Schein, hinter dem sich Gott verbirgt", weil „radikale Abhängigkeit und echte Wirklichkeit im gleichen Maße, nicht im umgekehrten, wachsen".[23]

Das steckt auch in der harmlos klingenden Feststellung des *Thomas von Aquin*: „Die erste Wirkung Gottes in den Dingen ist aber das [ihr] Sein" (wozu ihr So-sein zählt).[24]

Die Eigendynamik der Welt wird ihr verliehen von Gott als schöpferischem ´Beweger`. Scheinbar paradox kann man sagen: Er bewegt die Welt zur Eigenbewegung und erreicht gerade so einen vollkommenen Grad der Schöpfung. Die bewegende Nähe ihres Schöpfers garantiert und *vermehrt* die Eigenständigkeit der geschöpflich-abhängigen Wirklichkeit wie auch ihre eigene, selbständige *Entwicklung*.

Statt der traditionellen Präzisierung Erschaffung „aus nichts" kann man auch „restlose" Erschaffung sagen: „restlos" erschaffen ist das Geschöpf gerade so etwas restlos Eigenes.

---

22 Die lange theologisch-kirchliche Vernachlässigung der Schöpfung steht für die Moderne in Gegensatz zu der praktisch exklusiv erforschten und propagierten Weltwirklichkeit, hinter der Gott zu versinken droht. Pointiert gesagt, vollzieht die Neuzeit – religiös gesehen – statt der kopernikanischen eine ptolemäische Wende insofern, als für sie nun nicht Gott, sondern die Erde, die Welt im Mittelpunkt des geistigen Lebens steht.
23 *Rahner / Vorgrimler*, Art. Schöpfung, 374
24 Comp. theol., c. 68; c. 140. Das wahre Eigen-Sein der Schöpfung betonen zB auch *L. Scheffczyk*, Der christl. Vorsehungsglaube, in: *Luyten*, 349f; vgl. auch *Kessler*, 111

Die Dialektik Abhängigkeit-Eigenstand der Schöpfung ist nicht leicht zu balancieren: Mindert man das (restlose) Erschaffensein, zerfällt das Geschöpf; schwächt man die Eigenwirklichkeit des Geschöpfes ab, löst sich der Akt der Erschaffung/Schöpfung in etwas Minderes auf (die Welt würde zum Marionetten-Theater oder zur bloßen Kulisse).

Die Eigenständigkeit der Welt und des Weltgeschehens ist deshalb der durchgehenden Abhängigkeit vom Schöpfer nicht umgekehrt proportional, „sondern direkt proportional. Je gefüllter die restlose Abhängigkeit eines Geschöpfes von Gott ist, umso größere Eigenständigkeit kommt diesem Geschöpf zu ... Abhängigkeit von Gott beraubt das Geschöpf nicht seiner Eigenständigkeit, sondern verleiht ihm diese überhaupt erst".[25]

Treffend *Teilhards* Formel „*Dieu faisant se faire les choses*" (wörtlich: Gott macht die Dinge sich machen. Oder, da „*se faire*" auch „werden" meint: Gott macht, dass die Dinge werden).

Viele Menschen tun sich schwer, sich Gott als „Schöpfer" anders vorzustellen denn als Hersteller (Töpfer, Schreiner, Bildhauer u.ä.), der freilich tote Dinge macht. Diese Art Vorstellung erschwert die Einsicht, dass der göttliche Schöpfer die Dinge nicht nur herstellt, sondern macht, dass sie sich selbständig entwickeln. Für ein beliebiges handwerkliches Produkt sind Unselbständigkeit und Abhängigkeit vom Schöpfer direkt proportional. Eine Stoffpuppe zB bewegt Arme und Beine nicht selbst, sondern nur, wenn der Spieler sie führt bzw an entsprechenden Fäden zieht. Geschöpf in fortgeschrittenem Sinne ist ein Produkt, das bis zu einem Grad selbst-beweglich (automatos, auto-mobil) ist, etwa eine Puppe, so konstruiert, dass sie eine Anzahl von Schritten selbsttätig (nach Programm, aber ohne Handführung) macht.

---

25 *Knauer*, 41

Traum vieler Hersteller ist ein perfekter Automat, der selbständig denkt und handelt. Treffender ist der Gedanke an das Werden eines Kindes: von den Eltern physisch gezeugt, wird es durch geduldige Fürsorge und Betreuung, von den Erziehern investiert, zunehmend selbständig und schließlich fähig, ein eigenes, eigenverantwortliches Leben zu führen (im Gegensatz zu einem Jugendlichen, der am Rockzipfel der Mutter hängen bleibt). So gesehen, sind Zeugung und Aufziehung eines Menschen bis zur Mündigkeitsreife eigentlich die zunehmende physisch-psychische Erschaffung eines Menschen (in relativem, nicht in absolutem Sinn). Auch hier sind Abhängigkeit (vom Einsatz der Eltern) und Eigenständigkeit unmittelbar proportional.

Versteht man diese Analogien – und Gottes Schöpfung ist dem Zeugen ähnlicher als dem Herstellen –, bildet sich eine Ahnung von Gott-Schöpfer einer evolutiven Welt. Weil ihm seine Geschöpfe am Herzen liegen, wird aus ihnen etwas, entwickeln sie sich weiter ...

Eigenständigkeit der Schöpfung besagt auch, wohlgemerkt, Eigen-Gesetzlichkeit.

Der Verlauf des Weltgeschehens nach eigenen Gesetzen (mathematischen, physikalischen, chemischen, geologischen, biologischen, medizinischen, ökonomischen usw Gesetzen) ergibt sich aus der Eigenständigkeit und Endlichkeit[26] der Schöpfung, ist als solche, eins mit der Schöpfung, von Gott gewollt und bejaht.

---

26 Da Gesetze dazu dienen, Unbekanntes von Bekanntem abzuleiten, benötigt sie der endlich-begrenzte Intellekt, der göttliche Geist aber nicht (*Weizsäcker*, 292); Ähnliches gilt von der Mathematik. Sie ist das Instrument zeitlicher Geister (*Becker*, 157-161)

Soweit die gesetzmäßigen Ordnungen des Kosmos Leben ermöglichen und den Menschen zugute kommen, spiegeln sie die *Güte* des Schöpfers.

Allerdings tun sie es in unvollkommener, unterbrochener Weise. Da Gottes *schaffende* Güte sich entäußert ins Endlich-Begrenzte, in Räume, Zeiten, Dinge, Menschen, Entwicklungen, wird auch seine Güte in zeitlicher Dehnung, in räumlicher Verteilung erfahrbar. Sie gibt sich in Prozessen zu erkennen, *entwickelt sich* mit den Dingen und Menschen. Menschen, die in der Welt nach ihr suchen, sind also Geduld und Hoffnung abverlangt. Gottes Scheidung der Chaoswasser vom Lebensraum geht weiter.

Neuzeitliches Bewusstsein ernst nehmend, betonte nach langem Zögern auch die Kirche im *II. Vatikanischen Konzil*: die irdischen, geschaffenen Wirklichkeiten haben „ihren festen Eigenstand, ihre eigene Wahrheit, ihre eigene Gutheit sowie ihre Eigengesetzlichkeit und ihre eigenen Ordnungen, die der Mensch unter Anerkennung der den einzelnen Wissenschaften und Techniken eigenen Methode achten muss".[27]

Die Einsicht „Gott schafft, wenn er Dinge und Wesen schafft, ihre *Eigen*gesetzlichkeit *mit*", hat religiös eine bedeutsame *Konsequenz*.

Der biblische Mensch dankte Gott dafür, dass Er die Sterne, so wie Sonne und Mond, täglich herausführt, den Kosmos und dessen lebensfreundliche Ordnung Tag für Tag neu setzt (vgl. zB Jes 40,26).

Das kann heutige Menschen verwirren oder zum Lächeln reizen, gehen sie doch davon aus, dass die Gestirne einer festen Regel, einer Gesetzmäßigkeit folgen, statt dass der Schöpfer sie jeden Tag neu in Dienst stellen ´muss`, damit sie ihre Aufgabe erfüllen.

---

27 Pastoralkonstitution *Die Kirche in der Welt von heute*, Nr.36; dort wird auch die relative Autonomie der Schöpfung von einer falsch verstandenen absoluten Autonomie unterschieden.

Für eine die Schöpfung ernst nehmende Theologie ist die Existenz fester Gesetze der Welt jedoch kein Problem, im Gegenteil. Sah der Gläubige vor Entstehen der Naturwissenschaft die für ihn lebensfreundlichen Regeln und Rhythmen der Natur im Geiste des menschenfreundlichen Schöpfers verankert, versteht er nun, dass sie der Schöpfer bei der Erschaffung der Welt ihr und den Dingen eingestiftet hat. Dass der Schöpfer etwa die Himmelskörper nach festen *Regeln* agieren lässt, statt sie immer wieder – täglich – neu in Dienst zu stellen, ist ja ein Zeichen für ´gelungene` Schöpfung: die Geschöpfe verhalten sich quasi ´von selbst` weisungsgemäß, unabhängig von ständigem Hinterhersein-müssen des Schöpfers (Abhängigkeit *und* Eigenständigkeit der Geschöpfe vom Schöpfer wachsen direkt proportional!).

Das hindert nicht, es erfordert sogar, dass Gott – nach einem Aperçu Augustins – den Geschöpfen innerlicher ist als diese sich selbst.

- *Die Welt hat mehr Dimensionen, als man denkt*

Die Meinung vieler Zeitgenossen geht indessen dahin, dass, wer Naturgesetze kennt und diesen Gesetzen entlang das Weltgeschehen naturwissenschaftlich erklären kann, keinen Gott, keinen Schöpfer mehr brauche (ein Gedanke, den vielleicht zuerst *Laplace* anstieß). Der Christ kann zwar (mit einigen Physikern wie *Wigner, Weinberg, Polkinghorne* u.a.) auf die Erklärungsbedürftigkeit der Existenz von Naturgesetzen hinweisen (als ontologisch-metaphysisches Problem).

Er muss aber auch den Freiraum zu Glaube oder Nicht-Glaube anerkennen, der damit eröffnet ist: eröffnet wegen der (relativen) Autonomie oder Selbständigkeit der Naturprozesse. Das Universum kann auf Forscher wirken als eine zufällige, ab der sog. „Planck-Ära" (10^{-43} sec) gesetzmäßig verlaufene Eruption von Materie aus minimalen anfänglichen Energie-Schwankungen im Quanten-Vakuum (eine Eruption, die mehr als einmal stattfinden konnte), eine Eruption, die u.a. durch Rückkopplungsprozesse zur Selbst-Organisation des heutigen Universums führt(e).

Angesichts der Neigung moderner Menschen zur Eindimensionalität[28] ist es geraten, sich und anderen die *Verschiedenheit der Zugänge* zur Wirklichkeit bewusst zu machen.

---

28   Gebannt vom Prozess der Natur-Analyse neigt man heute leicht zu eindimensionalen Vereinfachungen (Reduktionismen. So erklärte ein Redakteur einer populären Wissenschaftszeitschrift (s. *Maßstäbe* 11/2011, 42-47): *Botenstoffe, Zellkonglomerate, Hormone, Signale unterschiedlichster Art jagen ständig durch unseren Körper, stellen Verbindungen zwischen dem einen und dem anderen Ende her ... und veranlassen uns so, Dinge zu tun oder nicht zu tun, an dieses zu denken und an jenes andere nicht. Verantwortlich sind also in jedem Fall: die Moleküle.*
Man dürfe gespannt auf Politiker oder Manager sein, die mutig erklärten, den Skandal x hätten ihre mit ihnen durchgegangenen Moleküle erzeugt. Ja, man könne, noch tiefer schürfend, die *Bausteine* der Moleküle, vor allem Elektronen, „verantwortlich" machen: *Im großen Verbund mit genau so vielen Protonen und annähernd so vielen Neutronen lassen sich aus Elektronen gar so komplexe Dinge komponieren wie Chemiker, deren Aufgabe es ... ist, über das Verhalten der Elektronen nachzudenken.* Der Autor, angeregt von den antiken Atomisten, erläutert anschaulich, wie sich Elektronen und andere Elementarteilchen unter Energieabgabe zu Stoffen verschiedener Massenzahl verbinden
Dabei wird leicht vergessen:die entstehenden Stoffe und komplexen Moleküle addieren bzw multiplizieren nicht die Eigenschaften ihrer ´Bausteine`, sondern weisen neue Eigenschaften, Qualitäten und Bestimmungen (zuletzt Leben, Geist) auf – nicht einfach Produkte ihrer ´Bausteine` oder Teile, sondern *mehr* und anders als diese. Quantität und Qualität sind nun einmal nicht dasselbe.

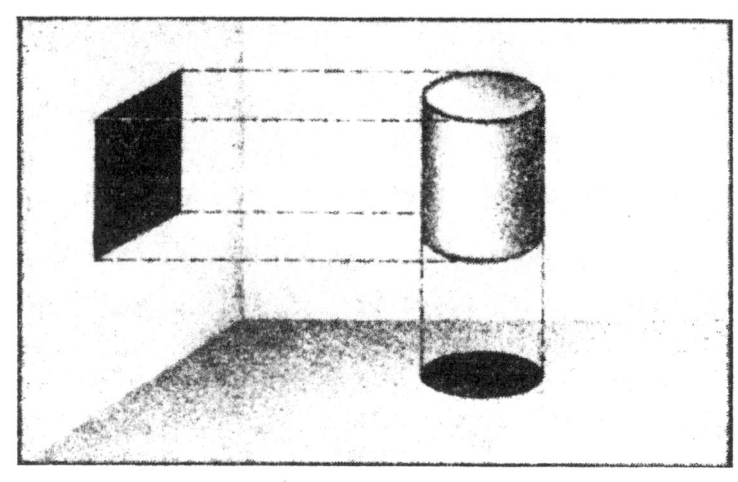

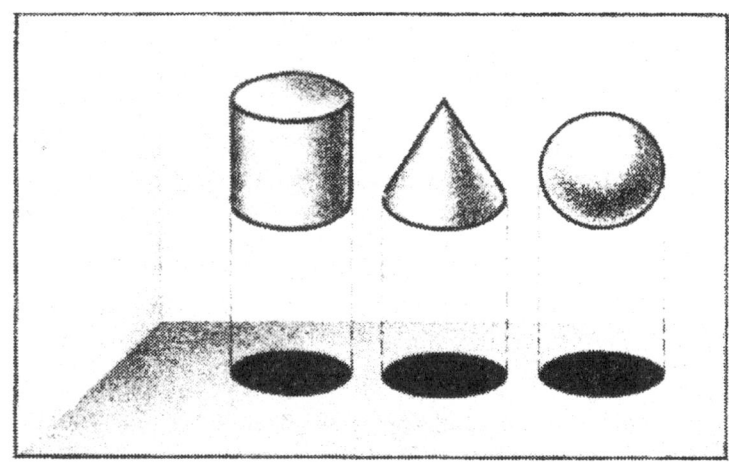

Schaubilder: Viktor E. Frankl

Die Pluralität der Zugänge lässt sich verdeutlichen mittels der 2 „dimensionalanthropologischen Gesetze", mit denen der Neurologe und Logotherapeut Viktor Frankl dem einseitigen Reduktionismus entgegentrat.

– „Ein Phänomen (symbolisiert durch einen Zylinder), das aus seiner Dimension (dem 3-dimensionalen Raum) heraus in verschiedene Dimensionen hineinprojiziert wird, die niedriger sind als seine eigene (in die 2-dimensionalen Ebenen des Grundrisses und des Seitenrisses), bildet sich so ab, dass die Abbildungen einander widersprechen (im Fall des Zylinders ergibt sich in der horizontalen Ebene ein Kreis, in der vertikalen Ebene aber ein Rechteck). Nehmen wir auch noch an, der Zylinder sei ein offenes Gefäß, so widersprechen die Abbildungen einander [ihm] *auch insofern, als der Kreis und das Rechteck nicht offene, sondern geschlossene Gestalten sind".*

Anwendung auf unseren Fall: seit Descartes/Galilei projiziert man die Naturvorgänge in die Ebene von quantitativen Relationen (Größen- und Zahlenverhältnisse: Descartes` extensio). Diese mathematisch gefassten Relationen sind in sich geschlossen, Gott oder auch menschliche Freiheit und Ethik kommen darin buchstäblich nicht vor. Macht man sich klar, dass auch dies eine Projektion (einer mehrdimensionalen Realität auf die eine Dimension des Quantitativen) ist, erscheint die Meinung unhaltbar, die auf dieser Schiene gefundenen Ergebnisse enthielten die Totalität der Wirklichkeit.

„Das 2. dimensionalanthropologische Gesetz lautet: (Nicht ein und dasselbe, sondern) verschiedene Phänomene (symbolisiert durch einen Zylinder, einen Kegel und eine Kugel), aus ihrer Dimension heraus (nicht in verschiedene Dimensionen, sondern) in ein und dieselbe Dimension hineinprojiziert, die niedriger ist als ihre eigene, bilden sich so ab, dass die Abbildungen (nicht einander widersprechen, sondern) mehrdeutig sind. (In jedem Fall – im Fall des Zylinders, in dem des Kegels und dem der Kugel – ergibt sich in der Ebene des Grundrisses der gleiche Kreis). Nehmen wir an, es handle sich um die Schatten, die der Zylinder, der Kegel und die Kugel werfen, dann sind die Schatten deshalb mehrdeutig, da ich aus ihnen nicht darauf schließen kann, ob es ein Zylinder, ein Kegel oder eine Kugel ist, was sie wirft".

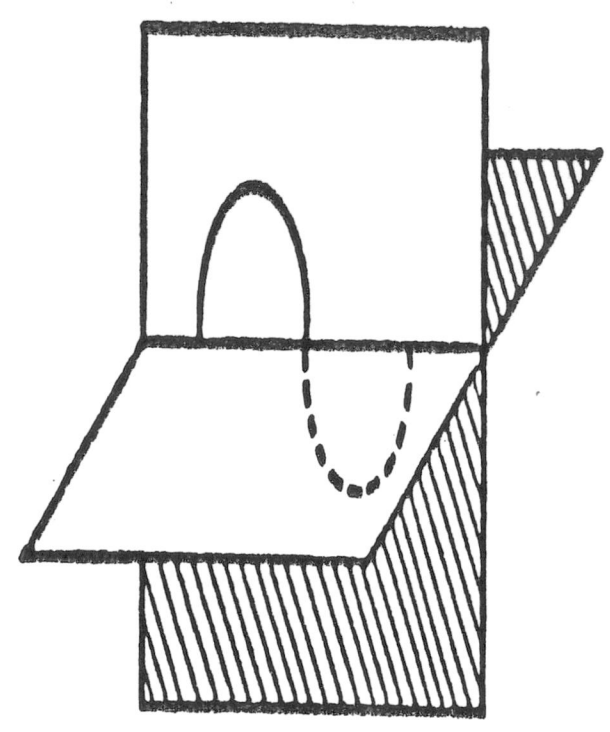

Schaubild: Viktor E. Frankl

Stellen wir uns vor, wir wären in ähnlicher Lage wie die Höhlenbewohner in Platons Gleichnis und würden nur diese Schatten kennen: wir könnten wir nicht ahnen, wie vieldimensional-vielfältig die Welt ist.

Frankl betont: die Wissenschaften müssen *die Multidimensionalität der Wirklichkeit methodisch reduzieren, um zu brauchbaren Resultaten zu kommen, sollten sich aber unaufhörlich der Begrenztheit ihrer Perspektive bewusst sein.*

Er könne, sagt Frankl, als Psychiater Persönlichkeiten wie Dostojewskij oder Bernadette Soubirous (die Seherin von Lourdes) auf die psychiatrische Ebene projizieren: Dostojewskij ist dann nur ein Epileptiker wie viele andere und Bernadette nichts als eine Hysterikerin mit Halluzinationen. Was sie darüber hinaus waren oder sind, bildet sich auf dieser Ebene nicht ab. Denn die Kunst des Dichters und die religiöse Schaukraft der jungen Frau liegen in einer je anderen Dimension als der der Psychiatrie.[29]

Das Gemeinte lässt sich noch einfacher veranschaulichen:

Nehmen wir an, zwei Menschen reichen sich die Hand, und stellen uns vor, jemand würde diesen humanen Akt mit physikalischen Protokollsätzen beschreiben: Beide stehen, jeweils das Gesicht einander zugewandt, in einer abmessbaren (m / cm) Distanz zueinander; die Unterarme werden durch Hebelwirkung aus ihrer fast senkrechten Lage angehoben und einander so weit angenähert, dass beider Hände einander berühren; wechselseitig umgreift, für eine messbare Zeitspanne, die Hand des einen die des anderen, wobei jeder einen messbaren Druck ausübt, usw.[30]

*Diese **formale** Feststellung dringt zum **Inhalt** dieses Händedrucks nicht vor, der ein Zeichen ist entweder für eine Versöhnung oder für einen Vertrag, für ein Versprechen oder einfach für die Begrüßung zwischen Vertrauten oder Freunden. In Frankls 3. graphischem Beispiel entsprechen die o.g. Protokoll-Aussagen zB den 3 Schnittpunkten auf der Ebene (≈ separate Fakten), deren **Sinnzusammenhang unsichtbar** bleibt (im Beispiel eine Sinuskurve), der nur durch Zulassung oder Anerkennung einer **anderen Dimension** (hier senkrecht stehende Ebene) sichtbar werden kann.*

Man sollte sehen, dass die Aussagen des biblischen Glaubens zu Gott, Mensch, Welt in einer anderen Dimension liegen als jene, die von den verschiedenen Naturwissenschaften methodisch untersucht wird.

---

29 *Frankl*, Die Selbsttranszendenz, in *Stammler*, hier 36-39
30 Beispiel nach *Pieper,* Verteidigungsrede, 114f.

- *Schicksal und Leid in einer werdenden Welt*

Viele fragen noch etwas anderes: Welche Erklärung hat eine „Schöpfung evolutiven Typs" für Leid und Schicksal? Wie kommt das „Böse" in die Welt, das ja auch die Bibel mit der Schöpfung koppelt (Gen 3)? Eine der schwer beantwortbaren Kinderfragen.

Viktor Frankl erzählt, bei seiner morgendlichen Rasur sei einmal seine 6-jährige Tochter unter der Tür gestanden und habe gefragt: Papa, warum sagt man eigentlich immer: der *liebe* Gott? Er habe erwidert: Ganz einfach, als du neulich Masern hattest, hat dich der liebe Gott gesund gemacht! Ja, sagte sie, aber erst hat er mir die Masern gemacht![31]

Die Frage beschäftigte auch *Charles Darwin*, führte zu Glaubenszweifeln – er verlor drei seiner Kinder in zartem Alter und nach langem Leiden. Nicht das Thema Evolution, sondern das Thema Leid verunsicherte Darwins Glauben.

Teilhard verwies auf die Tast-Versuche der Evolution, die vielen Fehlschläge, die bei den wenigen gelingenden Versuchen abfallen: bereits im vormenschlichen Bereich Störungen und Mängel in der physikalischen Ordnung, sodann *Schmerzen* im empfindlichen Fleisch, endlich *Qualen des Geistes* – „so fordert es", sagt er, „das Spiel der großen Zahlen innerhalb einer sich organisierenden Menge".[32] Im Feld der unglücklichen Zufälle sah Teilhard auch das Erscheinen von Krankheit und Tod.

---

31 *Frankl / Lapide*, 83
32 *Teilhard de Chardin* (1959), 309

Hinzu kämen die Übel der Mühe und Anstrengung bei 'Wachstumsschüben`, auch die der Einsamkeit und Angst, die sich des Bewusstseins bemächtigten, „das in einem dunklen Universum zum Denken erwacht".

Ein sich einrollendes, sich verinnerlichendes Universum sei im selben Zuge ein Universum von Mühsal, Leid und Sünde. Der Aufstieg auf den Gipfel der Evolution müsse, wie das Bergsteigen oder die Eroberung des Luftraums auch, „teuer bezahlt" werden (ebd, 310). Der abenteuerliche Weg der Menschheit gleiche einem „Leidensweg": „Schmerz und Schuld, Tränen und Blut: durchwegs Nebenprodukte, von der *Noogenese* während ihres Wirkens erzeugt (übrigens häufig wertvoll und neu verwendbar)" (ebd): Also: Disharmonie oder physischer Zerfall im Vor-Lebendigen, Leiden beim Lebendigen, Sünde im Bereich der Freiheit.

Teilhard schien überzeugt, das alte, für unlösbar gehaltene Problem von Übel und Leid sei im Lichte der 'Nebenwirkungen` der Evolution gelöst. Seine Schärfe habe das Problem nur in einer statisch gedachten Welt, vom Schöpfer fertig in den Raum gestellt. Für den Schöpfungsakt unter den „wirklichen Bedingungen" (d.h. Evolution) gelte:

Unvermeidliche Kehrseite jedes in einem Entwicklungs-Prozess dieser Art erzielten Erfolges sei, dass er mit einem gewissen Anteil von Abfällen bezahlt werden muss; keine <u>in Bildung begriffene Ordnung</u>, die nicht auf allen Stufen folgerichtig <u>Unordnung</u> einschließt.

Teilhards Überlegungen helfen bei der Einordnung gewisser Formen von Leid.

Aber helfen sie auch dem *einzelnen* Menschen weiter, seiner Trauer zB vor dem Totenbett seines Kindes oder Lebenspartners?

Wenn Gott nicht nur irgendwann einmal (vor Milliarden Jahren) schuf, sondern *schafft*, als Schöpfer *tätig ist* (gestern, heute, morgen), stellen sich gewisse – bekannte – Fragen neu, verschärft. Nämlich: *Wie* ist Gott tätig? Und wenn etwas „außer der Reihe passiert", zB eine tausendfachen Schmerz erzeugende Katastrophe, hat er dann etwas verpfuscht? Ist ihm etwas „daneben gegangen"? Hat er es gar „extra" gemacht?

Das vielfältige Leid in der Welt hielt den französischen Schriftsteller *Albert Camus* – einen Wortführer für viele – davon ab, den christlichen Glauben an den liebenden Gott zu teilen. Camus konnte sich auf frühere Skeptiker berufen, etwa auf den schottischen Philosophen *David Hume* (18. Jh), der auch den frühverstorbenen deutschen Dichter *Georg Büchner* beeinflusste. Hume meinte (in seinen „Dialogen über natürliche Religion"), die schlimmen und schmerzlichen Lebenserfahrungen der Menschen machten es äußerst zweifelhaft, dass der Welt ein allmächtiger, weiser und gütiger Gott vorstünde: Schmerz überwiege die Freude, und die weise Lenkung der Welt vermöge wohl die Art zu erhalten, nicht aber die Individuen. Der Gedanke an einen geizigen, „harten Herrn" liege viel näher, noch näher aber „das Bild einer blinden Natur, die ... ihre verkrüppelten und lebensuntüchtigen Kinder ohne Überlegung oder elterliche Fürsorge aus ihrem Schoß entlässt".

Der erwähnte Kosmologe *Steven Weinberg* beklagt den qualvollen Krebstod der Mutter, die Entpersönlichung des Vaters durch die Alzheimer-Demenz, die Ermordung von Verwandten durch die Nazis: solche Geschehnisse bewiesen, „dass es keine Anzeichen von Güte gibt, die die Handschrift eines Schöpfers zeigen".[33]

Die Zweifel und Fragen wurden u.a. auch von Christen früherer Zeiten gefühlt, gestellt und beantwortet, nicht mit Resignation, sondern mit von Glauben getragener Denkarbeit.

So der römische Philosoph und Christ *Anicius Boethius* (5./6. Jh). Im Kerker, den Tod vor Augen, dachte er über Gott nach. In allen menschlichen Leiden, ist er überzeugt, sei Gottes Wille tätig, Böses oder Schlechtes zum Guten zu wenden, einem Arzt ähnlich, der weiß und wägt, was für Patienten jeweils heilsam ist.[34] Den Heilswillen und Gerechtigkeitssinn Gottes nennt er „Vorsehung". Diese wisse, sozusagen in einem einzigen Augenblick, das ganze Universum in Vergangenheit, Gegenwart und Zukunft.

Nun der entscheidende Gedankenschritt: Wenn sich die Vorsehung aus Gottes Geist heraus in Raum und Zeit begebe, sich in die bewegte Welt übersetze und darin wirke, bekomme sie *Art und Gestalt* des Schicksals.[35]

Mit dieser Verknüpfung und Unterscheidung Vorsehung-Schicksal wurde Boethius zum Anreger des *Thomas von Aquin*. Auch für ihn ist Schicksal Ausfluss der göttlichen Vorsehung, wenn diese *in* der Welt konkret wird.

---

33 In: Bild der Wissenschaft 1999 Nr.12, S. 48f
34 *Boethius*, Trost, IV, 111-127. 193ff; ähnlich später der *Koran*, Sure 18
35 Trost, IV, 26-66

Wie Gott selbst, so sei seine Vorsehung eins und ganz (in Gott); sobald sie sich aber entäußere, sich in die Welt der Dinge und ihrer Vernetzung übersetze, werde sie raum-zeitlich, d.h. teile sie sich auf in Orte und Zeitmomente, in Teile, Fragmente, in Orts-Teile, Zeit-Fragmente, sei enthalten in Dingen, folge ihren Gesetzmäßigkeiten, nehme Gestalt an in Menschen, gleiche sich der Beschaffenheit der Welt an. Das heißt: Gottes Vorsehung wirkt in der Welt nicht unmittelbar, nicht in göttlicher Weise, sie bedient sich der Dinge, Faktoren, Phänomene, Wechselwirkungen, Entwicklungen, Gesetzmäßigkeiten, auch der Menschen usw. Alle diese weltlichen Vehikel der göttlichen Vorsehung nennt Thomas „Zweit-Ursachen" (bzw *causae mediae*).[36]

Das bedeutet umgekehrt: Menschen, die, von ihrem Glauben oder Gewissen angeregt, in ihrer Lebenswelt nach der Herkunft von wunderbaren oder betroffen machenden Erfahrungen suchen, stoßen stets auf innerweltliche Ursachen, während Gott als Geist immer ferner, größer, umfassender und unfassbarer bleibt als die rekonstruierbare Ursachenfolge. Gott ist also nicht ´dingfest` zu machen (als ´Kopf` der Ursachen-Reihe).

---

36 Comp. theol., c. 124f; Summe III cc. 77. 93;

Für das Schlechte, Leidvolle in Lebenserfahrungen komme, so Thomas, als Verursacher daher nicht unmittelbar Gott selbst in Betracht, dafür müssten die innerweltlichen (Zweit-) Ursachen eintreten: ihre Endlichkeit, Begrenztheit, ihre Mängel, ihr Verschleiß usw. und, wo es sich um Menschen handelt, deren Irrtümer, Beschränktheit, Gedankenlosigkeit, nicht zuletzt Gleichgültigkeit, Egoismus oder Bosheit.[37]

Diese von *Boethius / Thomas von Aquin* angestoßene Sicht scheint sich anhand neuer, von Naturwissenschaft ermöglichter Einsichten zu bestätigen, zu konkretisieren. Der Physiker und Theologe *John Polkinghorne* findet in der Biologie eine Hilfe für das Rätsel des Leids:

„Dieselben biochemischen Prozesse, die Zellen mutieren und neue Lebensformen entstehen ließen – was die Evolution seit vier Mrd Jahren antreibt – führen auch dazu, dass eine Zelle bösartig wird ... Diese Einsicht löst das Problem des Übels noch nicht, gibt aber eine gewisse Hilfe, weil sie vorschlägt, dass die Existenz von Tumoren nicht durch die Herzlosigkeit und Inkompetenz des Schöpfers bedingt ist ... Je mehr uns die Wissenschaft dabei hilft, das Universum zu verstehen, desto mehr erscheint es mir als eine Art Gesamtgeschäft. Licht und Dunkel sind zwei Seiten derselben Münze."[38]

Polkinghorne verweist also auf die *Endlichkeit* der Welt, die ein Aspekt ihrer Eigenständigkeit und Eigengesetzlichkeit ist.

---

37 Comp. theol., c. 141. Dazu gehört zB, dass Unzulänglichkeiten im Post- oder Paket-Dienst eine wichtige Sendung verzögern; dass ein unaufmerksamer/uninteressierter Arzt ein Patienten-Leiden nicht rechtzeitig oder nicht genau diagnostiziert; dass Kardinäle einen Mann zum Papst wählen, weil sie ein bestimmtes Bild von ihm haben, er aber hernach Entscheidungen trifft, die ihr Persönlichkeitsbild nicht erwarten ließ ...

38 In: Bild der Wissenschaft Nr.12 (1999), 51

- Das Unberechenbare und die chaotische Abgründigkeit der Welt

Zur Endlichkeit der Welt zählt das *Unberechenbare*.

Schon das griechische Altertum hat es als Faktor im Weltgeschehen veranschlagt. Es ist eng mit der Erfahrung von Schicksal (αἶσα, μοίρα) verknüpft.

Bei *Homer* wehrt sich Hera im Namen auch anderer Götter gegen den Plan von Zeus, den tapferen trojanischen Kämpfer Sarpedon die Schlacht überleben zu lassen: sie ist entsetzt, dass ihr Gatte auch nur erwägt, „einen Mann, dem von jeher schicksalhaft die Sterblichkeit zugewiesen" sei, „aus dem Tod wieder zu erlösen".[39] Auch Götter müssten – nach Heras Auffassung – ein schicksalhaftes *Muss* respektieren, ein Weltgesetz, das einzelne Menschen trifft zu einem Moment, der anscheinend auch für Götter überraschend eintrifft.

Platon zitiert den Dichterspruch: „Mit (der) Notwendigkeit kämpfen auch Götter nicht".[40]

Mutter-Grund (*Materie*) der Welt ist für ihn „ein unsichtbares, gestaltloses, all-empfängliches ´Wesen`", dessen Urzustand chaotisch ist. In diesen chaotischen Urzustand habe Gott Gestalt und Zahl gebracht. Die Welt sei also das von Gott auf den Weg gebrachte Produkt der „Vereinigung der Notwendigkeit und der Vernunft", wo Gott auch „Überredung" zu Hilfe nehme, auf dass das Ganze möglichst schön und gut sei.[41]

---

39 Ilias XVI, 431- 443
40 *Platon,* Protagoras 345d; Gesetze 818b + d
41 *Platon,* Timaios 48a – 53b

Der Ausdruck „Überredung" (πειθώ) deutet an: die *mater*ielle Notwendigkeit ist in Platons Sicht mächtig (sie hält die Welt zusammen!), Gott kann sie nicht ausschalten oder einfach überspringen. Da „ungeistig" und „sinnlos" (ἄλογον), kann er sie nur „überreden", nicht aber belehren und überzeugen. So wird – im Sinne der Lebenserfahrung – angedeutet, dass und warum es in der Welt zu unerfreulichen, unguten, von Gott nicht gewollten Ereignissen kommen kann.[42] Doch denkt Platon auch in die andere Richtung. Nicht nur sagt er, die stoffliche Notwendigkeit begrenze den Willen des Welt-Schöpfers ; er meint auch, da Gott dem Chaos Form, Fassung, Richtung verleiht, leite er den Stoff, „überrede" ihn gar zum Guten hin, soviel als möglich.-

Die *Moderne* kann das „Ungeistige" (A-Logische) der Welt, von Platon intuitiv erfasst, noch näher bestimmen.

Jedes physikalische Schulbuch betont die Gesetzmäßigkeit der Naturvorgänge und lobt das mathematische Werkzeug für *exakte* Erfassung der Gesetze. Schon im Kapitel Mechanik wird aber jedem Schüler klar, dass die Formeln nur dann nützen, ein Vorgang also berechnet werden kann, wenn zB der Betrag der Kraft F_1 (bzw der Kräfte F_2, F_3 usw.), die an einem Körper angreift und ihn in Bewegung setzt, sein Weg s oder die benötigte Zeit t, also die Anfangsbedingungen des Vorgangs bekannt sind (gewöhnlich durch Messung oder Setzung).

---

42 *Platon,* Theaitetos 176ab

Für alltägliche – etwa viele technische – Vorgänge reicht das aus. Je komplexer jedoch ein Vorgang ist, desto unsicherer wird die Vorhersage seines Ergebnisses.

Ein namhafter Physiker erläutert:

Sehr komplizierte Vorgänge lassen sich mathematisch nicht behandeln, auch nicht mit elektronischen Rechenmaschinen. Die Vorausberechnung ist dann schlechterdings unmöglich. Zum Beispiel ist es ein Ding der Unmöglichkeit, die Bewegung eines einzelnen Wassertropfens in einem Wasserfall vorauszuberechnen, auch wenn wir die Wasserströmung am oberen Ende und die Verteilung der Felsen genau kennen. Praktisch beschränkt sich der Determinismus auf die Vorausberechnung des Funktionierens eines Laboratoriumsversuchs oder einer gut konstruierten Maschine – bis dann, eben wegen gewisser Ungenauigkeiten, der nicht vorausberechenbare Motorschaden auftritt. Gute Voraussetzungen für Vorausberechnung bestehen noch für manche Probleme der Astronomie und vielleicht einige andere Fälle, aber sicher nicht für die meisten der üblichen Naturvorgänge auf der Erde.[43]

Denken wir uns anstelle des Wasserfalls in obigem Beispiel etwa eine Geröll-Lawine. Auch hier ist die Bewegung einzelner Steinbrocken unvorhersagbar. Sie folgt selbstverständlich in jeder Phase den Gesetzen der Mechanik, doch der ungleichförmige, variable Untergrund, Reibungseffekte, Kollisionen mit anderen Steinen, Gras, Büschen oder Bäumen usw machen den Bewegungsgang unberechenbar, sodass der Brocken unterwegs oder am Ende des Wegs ein Tier, einen Menschen, ein Haus treffen, verletzen, töten oder zerstören, also ein Unglück verursachen kann.

---

43 *Heitler*, Der Mensch ..., 15

Ein weiteres Beispiel für Unzugänglichkeit oder Verborgenheit von Anfangsbedingungen: wir verstehen, dank *Keplers* und *Newtons* Gesetzen, die Ellipsen-Form der Planetenbahnen im Sonnensystem. Damit sind aber noch nicht die tatsächlichen Bahnen erfasst (es gibt variable Gestalten von Ellipsen). Ihre faktischen Verläufe und Daten müssen eigens festgestellt werden. Dass die Planetenbahnen – auch die Erdbahn – so verlaufen, wie sie es tun, verdanken sie konkreten Anfangsbedingungen beim Ursprung des Sonnensystems – vor einigen Milliarden Jahren. Dabei spielten sowohl Gesetzmäßigkeiten wie zufällige Faktoren eine Rolle.[44]

Das Unberechenbare hängt also auch an den oft wenig bekannten oder beherrschbaren Anfangsbedingungen.

Diese können zudem, gemäß Chaostheorie, oft schon bei geringfügigen Änderungen infolge von Rückkopplungseffekten unvorhersehbare Ereignisse zeitigen.

Der Hinweis auf die Anfangsbedingungen führt uns an eine Grenze: *sie zumal verkörpern jenen Eigenstand der Welt, den wir nicht gemacht haben noch machen können.*

---

[44] *Heitler*, a.a.O., 10.- Die Frage der Anfangsbedingungen ist in der Mikrophysik, wie man weiß, hoch problematisch. Sie wird hier nahezu inadäquat. Innerhalb des normalen Raum-Zeit-Kontinuums kann das Verhalten atomarer Teilchen (zB eines Elektrons) nur in Wahrscheinlichkeiten angegeben, eine Exaktheit wie in der Makrophysik nur künstlich (um den Preis der Unschärfe einer komplementären Größe) herbeigeführt werden (ebd 31-47).

Das lehrt zB auch die Diskussion um die Entwicklung des Erdklimas: einerseits erlebt man schockierende Veränderungen, andrerseits sind das Gewicht der einzelnen Klima-Faktoren und ihre reziproken Reaktionen, da veränderlich, kaum exakt zu fassen.[45]

Nicht anders steht es beim Umgang mit Wirtschaftskrisen. Anfangsbedingungen und Faktoren sind zahlreich und von variablem Gewicht, sodass sich die Lösung der Probleme einer exakten Berechnung und Prognose entzieht.

Die Anfangsbedingungen in der Natur sind nicht außerhalb der Naturgesetze. Aber nur einige von ihnen (darunter die fundamentalen Natur-Konstanten) begründen unmittelbar jene Welt mit, in der wir und von der wir leben. Sie sind nicht von Menschen gesetzt, sie sind ihnen vielmehr vorgesetzt. Vielleicht bedingt ihr für uns unüberschaubares Zusammenspiel erst die Existenz der wohnlichen Welt der Menschen.

Die genannten Anfangsbedingungen sind, wie erwähnt, eine Kombination von Zufällen und Gesetzmäßigkeit. Sie sind uns teils unbekannt, teils nur partiell und mit Mühe zugänglich. So erinnern sie daran, dass unzählige Naturprozesse ohne Rücksicht auf das Leben, gar auf Menschen beginnen und ablaufen. Das wurde den Mondfahrern bewusst, die ein *horror vacui* erfasste, als sie die undurchdringlich kalte Schwärze des Weltraums wahrnahmen, darin die leuchtend blaue Erdkugel schwebend als isolierte, einsame Arche des Lebens.

---

45 Das zeigen schon kurzfristige Wetter-Prognosen. Die Auguren hatten zB nicht vorausberechnen können, dass ein in der 2. Dezemberwoche 2013 den Nahen Osten heimsuchender Sturm die Stadt *Jerusalem* als *Schnee*sturm mit einem halben Meter Schnee zudecken würde; daher unterblieben entsprechende Vorkehrungen.

Auch auf der Erde selbst haben Menschen nur begrenzte Räume zum Aufenthalt – von unbeherrschbaren Natur-Mächten umschlossen, zu Zeiten bedroht. Für Menschen von heute sind, wie für die Menschen der biblischen Genesis, all jene Kräfte und Mächte abgründig-unheimlich-chaotisch, die sie als bedrohlich, feindlich, lebensgefährlich erfahren. Die *Mater*ie, der *Mutter*-Stoff hat in einer Milliarden Jahre verbrauchenden, viele Unwahrscheinlichkeiten überspringenden Evolution an einem einsamen Punkt in Raum und Zeit Lebewesen und Menschen wie eine seltene, exotische Blüte hervorgebracht und wird sie eine Zeitlang zu erhalten suchen. Zugleich ist deutlich – die von vielen Wissenschaftlern betonte Zufälligkeit der zu Lebendigem führenden Entwicklung verstärkt den Eindruck noch –, dass Naturkräfte und Naturgesetze dem Leben, zumal dem individuellen Leben, keine sonderliche Aufmerksamkeit, gar Rücksichtnahme schenken. Menschen von heute sollten daher ohne viel Aufwand die Erfahrung der Alten von der Fatalität der Welt, vom finsteren Urgrund (*t^{e}hom* in Gen 1,2) verstehen und aktualisieren können.[46] Durch die Naturkräfte mit den oft ungreifbaren Anfangsbedingungen ihres Wirkens umschließt Chaos in Gestalt des Unberechenbaren die menschliche Lebenswelt, droht ständig mit Invasion.

---

46 *L. Boff* identifiziert das bibl. Chaos mit dem „unermesslichen Ozean an Energie", aus dem das sich selbst organisierende Universum durch „Urknall" hervorging: „Mein Glaube" (2013b), 21f. Das ist wohl zu punktförmig gedacht.

- *Gottes Vorsehung in raum-zeitlicher Gestalt*

Die von *Thomas von Aquin* vorgelegte *Modell*vorstellung, wie oben skizziert, ist nicht überholt. Ihr zufolge wirkt der *Schöpfer* auf die Geschehnisse der endlich strukturierten Welt nicht unmittelbar ein, sondern wirkt in, durch und mit den Mitteln der Welt selbst – Thomas spricht, wie erwähnt, von Sekundär- oder Mittel-Ursachen, die Gott als Mittel, Medium oder Vehikel seines Wirkens dienen.

Das bedeutet: Gottes Vorsehung oder Fürsorge nimmt selbst eine begrenzte, das heißt räumlich geschiedene, zeitlich gestreckte, ja *evolutive* Form und Gestalt an. Gottes Vorsehung nimmt prinzipiell eine nicht-göttliche, *weltliche* Gestalt/Erscheinung an, das heißt, sie nimmt die Form eines Prozesses, einer Entwicklung, einer Lebensgeschichte an.[47]

Die Vorstellung, Gott greife von Fall zu Fall ein durch einen *ad hoc* gefassten Willensakt oder Entschluss, denkt a*nthropomorph,* d.h. vermenschlicht Gott. Populäres Reden von Gott bedarf häufig der Reinigung durch das Bewusstsein von Differenz und Analogie.[48]

Diese Sicht hat Konsequenzen auch für das Verständnis einschlägiger Bibeltexte.

---

[47] Auch andere christliche Denker, wie *Cusanus, Leibniz,* betonen: Gottes Wille, wo er sich ins Endliche entäußert, erscheine notwendig gebrochen, fragmentiert, undeutlich, unfertig u.ä. (ein Sinnbild ist die *unendliche Gerade, die, wenn sie endlich wird, notwendig einer Krümmung unterliegt*). *Leibniz* unterscheidet zudem *physisches, metaphysisches* (mit der Endlichkeit gesetztes) und *moralisches* Leid.

[48] Das gilt für die generelle, tägliche Vorsehung Gottes. Dass Gott auch einmal ´außer der Reihe` tätig werden kann, sollte der begrenzte Menschengeist nicht in Zweifel ziehen.

Als Ermutigung zu unaufhörlichem Beten erzählt Jesus einmal das provozierende Gleichnis von einem ungerechten Richter, der die Rechtsprechung zugunsten einer Witwe immer wieder verschiebt, bis er sie doch vornimmt, weil er seine Ruhe haben möchte vor der unaufhörlich drängenden Frau, die er für fähig hält, ihn bei weiterem Verzögern sogar ins Gesicht zu schlagen. Wenn aber schon ein skrupelloser Richter schließlich Recht spricht, werde erst recht Gott seinen Erwählten Recht schaffen, die ihn Tag und Nacht betend bestürmen. Gott werde nicht säumen, sondern den Betern „ἐν τάχει" = geschwind, unverzüglich Recht schaffen (Lk 18,1-8). Die Zusicherung, die Jesu gibt, widerspreche aber der Erfahrung, sagen viele. Nun nimmt Jesus die Gewissheit von Gottes stets aktivem Heilswillen wohl aus seinem innersten Gott-Wissen. Er selbst zögert auch nicht, zu helfen, zu heilen, aufzurichten, sobald ihm von Leid und Schmerz Gepeinigte begegnen, und gibt so Zeugnis von Gott, von Gottes Art, von Gottes aktivem Heilswillen, von seiner unverzüglichen Reaktion auf Bittgebete. Doch Gottes Hilfe, die zum betenden Menschen kommen will, braucht buchstäblich Zeit. Sie fügt sich ein in Raum und Zeit, geht den ´Instanzenweg` der Gesetze der Schöpfung, begibt sich auf den Weg von Entwicklungen und Prozessen. Viele Menschen erfassen erst im Rückblick, nach längerer Zeit, dass Gott ihr Leiden in etwas Gutes verwandelt und ihnen damit geholfen hat.

Mit Gottes Hilfe verhält es sich in etwa ähnlich wie bei einem Arzt, der einem Hilfe suchenden Patienten ein Medikament verschreibt – ihm gegenüber also alsbald helfend tätig wird – und doch den Empfänger des Medikaments zu Geduld mahnen muss, weil die Arznei Zeit braucht, um im Organismus Wirkung zu entfalten und im Verein mit dem Immunsystem den Krankheitserreger unschädlich zu machen.

Würde Gott 'zaubern`, würde er die Schöpfungsordnung nicht respektieren, sondern sie zur bloßen Kulisse degradieren; die Welt wäre nicht Schöpfung, sondern Theater.

- *Kein „Neid der Götter"*

Kommen wir zu einem letzten Punkt.

Die abendländische Kultur schleppt seit der Antike die Vorstellung oder den Verdacht mit vom *Neid der Götter* auf den erfolgreichen Menschen.

Ein altgriechischer Mythos mag per Kontrast die Eigenart des biblischen Gottes deutlich zu machen. *Sisyphos*, der sagenhafte König von Korinth, wurde, da er den Tod überlistet hatte und nicht sterben wollte, vom Gott-Herrn *Zeus* in den *Hades* (Toten-, Schatten-Welt) verbannt, wo er ewig einen schweren Steinblock auf eine Anhöhe wälzen muss: jedes Mal, wenn er es geschafft, den Stein nach oben gewälzt hat, entgleitet er seinen Händen, rollt wieder herunter, und Sisyphos muss von vorn beginnen – und so in alle Ewigkeit. Dieses Schicksal erniedrigender Strafe ändert sich nie mehr, ist ewig.

Der französische Schriftsteller *Albert Camus* sah im Mythos von Sisyphos ein Gleichnis für das Leben der Menschen überhaupt. Er folgerte, der Mensch müsse sich von Gott / Göttern lossagen, sich emanzipieren, sein Schicksal selber in die Hand nehmen und neu gestalten, auch wenn es noch so mühselig ist und leidvoll.

Nun könnte man zwar mit Paulus sagen: „Glaube ist nicht jedermanns Sache" (2Thess 3,2).

Doch stellt man besser ein Vorurteil richtig: Gott, wie er biblisch-kirchlicher Erfahrung entspricht, geht nicht wie Zeus und andere Götter auf neidische Distanz zum Menschen, sondern hilft ihm, stattet ihn mit Erfindungsgabe aus (das gehört zu seiner Vorsehung und Fürsorge), damit er, wenn sein Leben mühselig, sisyphus-ähnlich wird, zum Anheben des Steinblocks einen Kran oder einen Schaufelbagger oder anderes Gerät erfindet, herstellt und benützt. Hier trennt kein Neid Gott und Menschen, wie es die außerbiblische Antike und noch viele in der Neuzeit sich vorstellten, sondern im Gegenteil: Gott verbindet sich mit dem Menschen und legt von *seiner* Vorsehung und Fürsorge ein Gutteil in ihn hinein, der Sorge ähnlich, die Eltern und Pädagogen bis heute ihren Kindern zuwenden. Denn der biblische Glaube entzündete sich nicht an den Mängeln und Leiden der Schöpfung, sondern an den Erfahrungen des Guten, der Güte, des Lebensfreundlichen.

Anders als *Epikur*, *Hume*, *Büchner*, *Camus*, *Weinberg* und viele andere sehen biblisch Gläubige die Gefahren, Not und Tod in der Welt als das Wahrscheinliche, als 'Normalzustand' der Welt und erfahren Leben und Lebensgüter als außer-ordentliche Gaben des lebensfreundlichen Gottes. Eine seiner wichtigsten Gaben ist die Hilfe zur Selbsthilfe, die der Schöpfer die Menschen lehrt. Wie früher erwähnt, sind es bis heute vor allem die Armen und Habenichtse, die fühlen, dass der biblische Glaube ihrer eigenen Lebenssituation nahe steht. Die Begüterten, in geordneten Staatswesen Lebenden pflegen das Gefühl, ihr Dasein eigener Leistung zu verdanken, und entwickeln ein manchmal verwöhntes Anspruchsdenken an die Instanzen der demokratisch gewählten, durch Steuergeld finanzierten Administration, die für ihr Wohlergehen zu sorgen habe. Dieses Anspruchsdenken überträgt sich unvermerkt auf die Religion und bittet den Schöpfer 'zur Kasse'. Da seine Leistungen die Verwöhnten nicht zufriedenstellen, wählen sie ihn 'demokratisch' ab ...

Die Abwahl erliegt einem Missverständnis: Gott als auch heute tätiger Schöpfer tastet Eigenwert und Eigengesetzlichkeit – fühlbar oft als Härte – der Welt nicht an, vielmehr verleiht er ihr die Gesetze, sie sind ja Teil seiner Schöpfung.

Zur gesetzmäßigen Struktur der Schöpfung gehört zB die Entstehung von Galaxien und massereichen Sternen durch langsam rotierende Urgasmassen aus Wasserstoff und Helium, ein zyklischer Vorgang, der zur Synthese schwerer Elemente führt; sie werden bei der Explosion der Erzeugersterne in den Raum geschossen und ergeben dort zusammen mit dem kosmischen Staub das Material für neue Sternbildungen.

Neben diesem Typ eher linearer Gesetzmäßigkeit gibt es zB die statistische Gesetzmäßigkeit der Evolution mit Teilaspekten wie Mutation, Rekombination, Isolation, Selektion bzw Gendrift.

Schöpfung heißt biblisch-christlich: Gott schafft und entlässt die Natur in ihr Eigensein und ihre Eigengesetzlichkeit. Seine Schöpfung erreicht dabei eine solche Eigenständigkeit und Autonomie, dass sie sich gesetzmäßig aus sich selbst zu erklären scheint: sie funktioniert so sehr aus eigenen Kräften, dass ein Schöpfer sich zu erübrigen scheint; ja sie selbst erscheint als schöpferisch. Für biblisch genährten Glauben jedoch ist die evolutive Selbst-Gesetzlichkeit der Welt geradezu das Zeugnis für wirkliche, wahrhaftige Schöpfung, im Kontrast zu einer Welt, die nur eine Art höheres Marionettentheater wäre. Man muss den Sachverhalt noch zuspitzen: die Möglichkeit und Freiheit von Menschen, wegen des Charakters der Schöpfung zu (immanentistischen oder naturalistischen) Atheisten zu werden oder (wie in der Antike oder in moderner Esoterik) die Welt selbst als göttlich zu verehren, zeigt sich den „Augen des Glaubens" als Indiz für gelungene, wirkliche Schöpfung! Das Staunen des Psalmisten über den Menschen, den Gott „nur wenig geringer machte als Gott" (8,6), darf in der Moderne für das ganze Universum gelten: „nur wenig geringer gemacht als Gott"!

In eine so weitgehend autonome Schöpfung muss der Schöpfer nicht reparierend und verbessernd eingreifen, wie das zB ein Autokonstrukteur bei seinen Modellen zu tun pflegt.

Doch bringt er uns zu Bewusstsein, wir Menschen seien von ihm als Mitwirker, Mit-Verantwortliche an seiner Schöpfung gedacht. Er tut es, im Sinne der Bewahrung und Fortführung der Schöpfung, durch Jesus Christus, Anstoß und Impulsgeber für Menschwerdung und Mensch-Bildung (vgl. Röm 8,29; Kol 1,15).

Diese Vorüberlegungen helfen, das Schöpfungs-Zeugnis in Genesis 1 neu zu buchstabieren.

Viele Christen haben manches in Kindheit und Jugend anders gehört, anders gelernt, als heute gesagt wird. Manche empfinden es als Problem, dass man heute ´anders glauben` soll als früher. Doch erklärte, mitten in der Diskussion um Naturwissenschaft und Glaube, schon das *I. Vatikanische Konzil* 1870 an die Adresse der Christen, es könne zwischen Glaube und Verstand nie wirkliche Widersprüche geben, denn derselbe eine Gott habe den Menschen Verstand *und* Glaubensfähigkeit gegeben. 1992 rehabilitierte Papst Johannes Paul II. *Galilei* – spät genug – mit der Begründung, er sei weitsichtiger als seine theologischen Gegner gewesen, denn er habe erkannt, dass zwar die Hl. Schrift frei von Irrtum sei, nicht aber ihre Erklärer und Ausleger.

DER BEITRAG DER BIBEL ZUM VERSTÄNDNIS DER WELT

Der Verfasser von Genesis 1 ist, wie bekannt, ein *Priester*, etwa gleichzeitig mit dem 2. (*Dt-*) *Jesaja*, d.h.: Israel ist im Exil. *DtJes* deutet für Israel das Exil (Tenor: „gestorben, und siehe, du lebst!") und kündet ihm seinen Gott – bisher nur Stammesgott – als *Elohim*: jetzt Über-Stammesgott, Völker-Gott, den Israel, geworfen unter die Völker, allen als Retter-Gott künden soll: *Kündet allen in der Not, fasset Mut und habt Vertrauen ... Allen Menschen wird zuteil Gottes Heil* (GL 221, vgl. Jes 35,41-43). Als *Stifter* von Himmel und Erde wendet er sich allen Völkern zu.

Die globale Sicht des *Propheten* unterstützt der *Priester* mit einem eindringlichen Schöpfer-Hymnus: Euer Gott ist der von ur an allen *gojjim* Zugewandte, der ihr Retter sein will aus der ungelösten Welt-Not, die besteht im Verfallensein unter Schicksal, Leid und Tod!

- FRAGEN DER ÜBERSETZUNG WERDEN ZU FRAGEN DER DEUTUNG

Wenn wir nun darangehen, das Schöpfungszeugnis von Gen 1 neu zu buchstabieren, sei eines vorweggenommen: Hier ist nicht einfach von einer 6-tägigen, sukzessiven Erschaffung der Welt (genannt „Himmel und Erde") die Rede, sooft das auch behauptet und wegen äußerlicher Analogie zum Evolutionsschema gar gelobt wird.

Schon die Einleitungsverse, auf ihre sprachliche Wurzel geprüft, lassen es sichtbar werden:

1. Bedeutsam bereits das erste Wort von v 1: **bᵉrēšit** (בְּרֵאשִׁית), gewöhnlich übersetzt mit „Am / im Anfang" [49]

Hier geben sprachliche Überlegungen Aufschluss.

Die Wortbildung taucht im biblischen Hebräisch nur hier auf[50]; sie ist nicht als Zeitangabe oder Ähnliches gemeint. Man sieht es schon daran, dass im hebräischen Wort wie in der griechischen Übersetzung (Septuaginta: LXX) der bestimmte Artikel (*der* = *ha* bzw *ho, hae*) fehlt. Die üblichen Übersetzungen „am" (= an dem) und „im" (= in dem) ignorieren das. Fehlender Artikel kann nur bedeuten: den Autor interessiert nicht ein oder der zeitliche Anfang, sondern die Tat *Gottes*, die er an Wüste und Öde, am Chaos (v 2) vollbringt.[51]

Die Präposition **bᵉ** (בְּ) hat hier besonderen (sog. *essentiellem*) Sinn: etwa den Sinn von „als" (*qua*).[52] So würde v 1 übersetzt lauten: „*Als* Anfang *schuf Gott* Himmel und Erde".[53] Eine ähnliche (essentielle) Bedeutung von *bᵉ* findet sich in Gen 1 nochmals an einer Stelle, wo die Übersetzer keine Zweifel haben: bei der Erschaffung des Menschen Gen 1,27: Der Ausdruck *bᵉzäläm* (LXX *kat` eikóna*) wird so übersetzt: Gott schuf den Menschen *als* (sein) Bild (nicht: *im* oder *am* Bild).

---

49 „Am Anfang" sagt die *Luther*-Übersetzung (LÜ), „im Anfang" heißt es bei *Buber-Rosenzweig*; *Einheitsübersetzung* (EÜ), „in the beginning" (Holy Bible, New Living Translation, 1996).
50 Im Unterschied zu מֵרֵאשִׁית = von Anfang an (vgl. Geseunius, Art. רֵאשִׁית); s.u. Anm. 56 !
51 Daran erinnert zB auch *H. Cazelles*, 126 Anm.1
52 Vgl. *E. Jenni*, 25.3.3
53 So *E. Zenger* in *K. Löning / E. Zenger*, 34f. Entsprechend die Septuaginta: ἐν ἀρχῇ Die Präposition ἐν vertritt בְּ und ist kausal-modal gemeint: *per* Anfang, anfanghaft (s. *Bauer-Aland*, 525f). So spricht P nicht vom zeitlichen Beginn des Kosmos, statt einer quantitativen macht sie eine *qualitative* Aussage. Im Rahmen des Babylonischen Exils interessiert Erhaltung und Fortwirken von Gottes Werk. Vgl. auch *C. Link*, 351f.

Der hebräischen Fassung von Gen 1,1 entspricht im Kern die griechische: *en archē*.[54] Das Wort *arché* besagt weniger Zeitpunkt als vielmehr Urgrund, (normierender) Ursprung. Die Bildung *en archē* bedeutet „von jeher, immer schon" (s. Xenophon).[55]
Auch in der lateinischen Version „in principio creavit Deus" besagt *principium* Grund, Grundlage, Ursprung, während ein zeitlicher Anfang eher – häufig, nicht immer – mit *initium* bezeichnet wird.

Anfang, Grund der Schöpfung ist also *Gott* selbst, *Gottes Tat,* nicht irgendein Zeitpunkt (zB der „Urknall" vor 13,7 Mrd Jahren in der Kosmologie). Im *Focus* der Schöpfungserzählung von Gen 1 steht also nicht die Entstehung der Welt (historisch gefragt), sondern Gottes Beitrag zur Welt, seine Gut-Tat an der Welt, für die Welt.[56] Der antike, meist auch der moderne Mensch fragt weniger nach dem Ursprung der Welt als nach der Zuständigkeit: Wer hat in der Welt das Sagen? Wer hat im Betrieb zu bestimmen? Wer verantwortet dieses Ereignis oder jene Maßnahme? Auch Israel will in Gen 1 nicht spekulativ, gar naturwissenschaftlich (also aus Sach-Interesse) ergründen, wie es zum Kosmos kam, sondern will den von ihm erfahrenen Bundesgott, mit dem es vertraut ist, preisen für Güte und Lebensfreundlichkeit, die er der Welt eingestiftet, ihr mitgegeben hat.

---

54 „ἐν ἀρχῇ ἐποίησεν ὁ θεός". Die Weisheitsliteratur gibt den Sinngehalt der Menschenschöpfung so wieder: „Von Anfang an (ἐξ ἀρχῆς = מֵרֵאשִׁית) pflegt ER selbst (αὐτός) (den) Menschen zu schaffen (sog. gnomischer Aorist: ἐποίησεν ἄνθρωπον)" (Sir 15,14).
55 Vgl. *Passow,* Handwörterbuch, Art. ἀρχή.
56 Nach *W.H. Schmidt* sieht der Vf von Gen 1 den Weltbeginn „zeitlos" (Chaos hat weder Raum noch Zeit), die Bildung *bᵉrešit* meine auch den Anfang der Zeit: Schöpfungsgeschichte, 186. Das mag mit Blick zumal auf Gen 1,14-18 zutreffen. Gen 1 meint aber die Zeiteinteilung als *Lebens*rahmen, d.h. als Wohltat für die Geschöpfe (*nicht* Zeit als physikalisch-relative Größe).

2. Das Verb *bara'* (ברא) mit der Bedeutung *bauen, schaffen* (Nebensinn: *roden*, den Wald lichten) wird im AT nur von Gott gebraucht, der am *Tohu wa bohu* handelt, wie v 2 betont: Wüste, Öde (Wildnis), Finsternis (*chošech*), Urwasser (*tᵉhom* Chaos [57]). Gewöhnlich meint man, weil *bara'* im Perfekt steht (בָּרָא), sei zu übersetzen: „Gott hat geschaffen / schuf", was denken lässt, die Schöpfung sei in der Vergangenheit (Urzeit) getätigt und abgeschlossen worden. Aber: Mögen herkömmliche Übersetzer auch in Vergangenheitsform übersetzen, ist doch festzuhalten, dass diese Form der Wiedergabe *unter* den Möglichkeiten bleibt, welche das Hebräische bietet.

Hebräische Sprache verwendet *sogenanntes* Perfekt (genauer: *Afformativ*-Konjugation) gern für Handlungen grundsätzlicher Art, die Vergangenheit, Gegenwart und Zukunft umspannen. Die Form *bara'* ist keine Erzählform (Narrativ), sondern steht für eine Grundsatz-Aussage.

Eine *Grundsatz*-Aussage, ebenfalls ´perfektisch` geformt, finden wir an anderer Stelle, wenig später, in v 29: „Da sprach Gott: Siehe, *ich gebe* euch alles Kraut ... zum Essen". Der hebräische Text lautet *natatij* (נָתַתִּי), 1. Person des sog. Perfekts (von *natan* = geben).

---

[57] Bei *Hesiod* (Theogonie 116) ist Chaos (χαός gähnender, klaffender Abgrund) das Erstgewordene (γένετο) vor Gaia und Eros. Schon früher glaubte man die Welt vom siegreichen Gott (Re; Marduk; Baal) gebildet aus dem Chaos – bildlich Drache (Ägypten: *Apophis*; Babylon: *Tiamat*; Ugarit: *Jam*). Spuren dieser Anschauung in *Israel* sind die Drachennamen *Leviathan* oder *Rahab*: Ps 74,13f; 89,11; 104,26; Jes 51,9; Hiob 3,8; 7,12; 9,13.

Die Luther-Übersetzung gibt die Form perfektisch wieder (ich habe gegeben – ähnlich Holy Bible: I have given). Die Buber-Rosenzweig-Übersetzung, jene von Gerhard von Rad[58] und die Einheitsübersetzung wählen die *Präsens*-Form (Ich gebe euch).

Man muss, zumal für die hebräische Sprache, die Vorstellung von Zeitstufen-Verbalformen hinter sich lassen. Es geht um *Aspekte* (Betrachtungsweisen) einer Handlung oder eines Geschehens. Das Tempus ergibt sich nicht aus der Endung, sondern aus dem Zusammenhang. Zusätzlich ist zu beachten, dass das Hebräische keine eigene Präsens-Form kennt. Für Vergangenheit steht eher die *Präformativ*-Konjugation; die aber, je nach Kontext, auch futurische Bedeutung annehmen kann.[59]

Die griechisch übersetzte Septuaginta setzt in Gen 1,29 *dédōka* (δέδωκα), Perfektform, die im Griechischen nicht nur eine vollendete Handlung anzeigt, sondern auch das bleibende Resultat: Geben als andauernde, fortwährende Handlung. Daher gibt die neue deutsche Übersetzung der Septuaginta Gen 1,29 im Präsens wieder: „ich gebe euch".[60]

Aus alldem folgt, dass auch Gen 1,1 *bara'* nach dem Sinnzusammenhang zu übersetzen ist. Das heißt: der hebräische Wortlaut *bᵉrešit bara' Elohim* lässt sich übersetzen: „Als Anfang schuf/schafft Gott". Gottes Schöpfung unterliegt keiner Zeitbegrenzung (Vergangenheit), der Zeitfaktor ist nebensächlich.

---

58 Das erste Buch Mose, 35
59 Hinweise dazu bei *Jenni*, 5.4.2; 8.3.5.3; *H.-P. Stähli,* 41; 72-77. Vgl. die Beobachtung von P. Lapide: „Die Indogermanen kennen die krasse Dreiteilung aller Chronologien: Vergangenheit, Gegenwart und Zukunft, die dem hebräischen Sprachgeist fremd sind. Der Hebräer erfährt die Zeit als Fluss, der keine Gegenwart kennt, sondern nur ein ununterbrochenes Fließen vom Vergangenen ins Zukünftige", in: *Frankl-Lapide,* 124ff
60 Siehe *Kraus-Karrer*

Das gilt auch für die Fortsetzung v 2: „die Erde war (immer schon) / ist / wird sein (*haj^{e}tah*) öde" (וְהָאָרֶץ הָיְתָה תֹהוּ)

Die biblische Sprache nötigt uns nicht in die bloße Vergangenheit, schließt uns also folglich auch nicht in ein vergangenes Weltbild ein.[61]

Dass der biblische Glaube Gottes Schöpfungstat nicht nur als einmalig, getätigt in ferner Vergangenheit, verstand, ergibt sich auch aus der Überzeugung der Frommen, in seiner Huld setze Gott seine Schöpfungstat Tag für Tag neu, hier und jetzt (vgl. zB Ps 104,2.20.27-30; Jes 40,26; Hi 38,33-41 usf).

Auch das Gottes-Zeugnis der Bibel legt nahe, dass Gott nicht nur 'früher' schuf, sondern schafft und schaffen wird im Hier und Jetzt. Denn von Gott sagt es, er sei, schon ehe Berge und Erde entstanden, von Weltzeit zu Weltzeit; für ihn seien tausend Jahre wie der gestrige Tag (Ps 90,2.4), er sei ein „Fels von Weltzeiten/Ewigkeiten" (Jes 26,4), „Gott der Weltzeiten und Schöpfer der Enden der Erde, der nicht müde und matt wird" (Jes 40,28), „der Erste und mit den Letzten der Selbe" (Jes 41,4; JohApk 1,4.8 u.a.). Von Gott, der überzeitlich ist in dem Sinne, dass er allen Zeiten unverändert zugewandt ist, kann man nicht sprechen, als vollbringe er rein zeitliche Taten, Taten also, die zeitabhängig, d.h. vergangen, nur der Vergangenheit zugehörig wären.

---

61 Wer meint, das sei nur ein Trick, um keine Irrtümer der Bibel gestehen zu müssen, sollte sich vor Augen halten: Vor 150 Jahren hatte die große Mehrheit der Menschen (nicht bloß der Christen) ein statisches Weltbild. Die naturwissenschaftlichen Erkenntnisse brachten und bringen alle Leute zum Umdenken. Das evolutive Weltbild im Kopf, fragen Christen weiter, weil ihnen an der Bibel liegt, und entdecken darin Aspekte, die Bibellesern in Zeiten des statischen Weltbildes nicht auffallen konnten, da kein Bedürfnis bestand, an die Bibel neue Fragen zu stellen.

Vielmehr haben diese Taten von vornherein Teil an Gottes Überzeitlichkeit und Zeit-Unabhängigkeit. Sie sind daher nichts Vergangenes, sondern stets Gegenwärtiges und zugleich Zukünftiges.[62] Nur Wesen, die Zeit und Augenblick unterworfen sind, müssen Gottes Tat in Zeitstufenform buchstabieren. Das gilt auch für die Schöpfungstat.

- WAS MEINT DIE BIBEL EIGENTLICH MIT „SCHÖPFUNG"?

Zu klären bleibt der genaue Sinngehalt von *bara'* (exklusiv für göttliches Schaffen verwandt). Man sollte nicht meinen, es sei klar, was „erschaffen" in der Bibel bedeutet. Zunächst ist *bara'* nicht das einzige Verb, das für Gottes Tun im Schöpfungsrahmen vorkommt. Weitere Vokabeln sind *tun, machen* (*'sh* עשׂה), *bilden* (*jzr* יצר), *stiften* (*qnh* קנה) und *gründen, herstellen* (*konēn* כּוֹנֵן).

Die Vokabeln meinen nicht einfach Gott als Kausalprinzip (Gott als Produzent von Dingen und Lebewesen), wie es sich bibelferne Leser vorstellen.

Naturwissenschaftler fragen: Lassen sich mit epistemologischen Forschungsmethoden Hinweise finden, ob der Kosmos seinen Ursprung einem überweltlichen Faktor verdankt, schon immer da ist oder sich so, wie er heute ist, selbst organisiert hat?

---

62 *Deissler*: Gen 1/2 bezeugt Erstschöpfung *und* „fortdauernde Schöpfung", in: *Audretsch/ Mainzer*, 184f; *Kessler*: „Es geht ... nicht um etwas, was früher einmal passiert ist, sondern um das, was (von Anfang an) immer gilt" (62)

Die Fragestellung war den biblischen Hebräern nicht nur fremd, sie dachten und fühlten auch nicht so reduktiv wie moderne Menschen. Man sieht das in Psalm 8, der beim Anblick von Himmel, Mond und Sternen den Schöpfer preist (v 4). Mit ihm aber ist der staunende Mensch schon im Verhältnis: *JHWH Adonejnu* = Unser Herr, Gott (v 2). Im Anblick des Himmels ruft er aus: „Was ist ein Sterblicher, dass Du seiner gedenkst, und was ein Menschenkind, dass Du um es Sorge trägst?" (v 5) Der Beter fragt also nicht neutral-neugierig nach den Himmelskörpern (ihrer Zusammensetzung und Funktion), vielmehr wird ihm der Himmel zum Abglanz des Wunders, dass Gott sich fürsorglich dem Menschen zuwendet, ja ihn fast zu Gottes Ehre (*kabōd*) und Herrlichkeit (*hadār*) erhebt (vv 6-9):

Du hast ihn nur wenig den Himmlischen nachgestellt,
hast ihn mit Glorie und Glanz gekrönt,
hast ihn zum Herrscher über deiner Hände Werke gemacht,
hast ihm alles zu Füßen gelegt,
Schafe und Rinder allsamt,
auch das Getier der Flur,
den Vogel am Himmel und die Fische im Meer (Übers. A. Deissler)

Noch eine Spur deutlicher wird Jesaja, der den Schöpfer von Himmel und Erde preist (nicht dafür, was er alles kann, sondern) dafür, dass er die Erde nicht als Wüstenei (*tohu*) geschaffen (*bara'*), sondern *sie zum Bewohnen gebildet habe* (*lašäbät jᵉzarāh*); eben darin erweise sich Israels Gott als JHWH, dem kein anderer Gott gleicht (Jes 45,18).

Der Gläubige der Bibel nimmt die Schöpfungswerke nicht neutral zur Kenntnis oder neugierig auf ´Sensationen`, sondern als Staunen erregende Zeugnisse eben des Gottes, der sich ihm fürsorglich-heilend zuwendet. Der Gläubige preist seinen Schöpfer – der Schöpfer ist jedoch ein Unter-thema des Bundesverhältnisses: die Wahrnehmung des Schöpfers und seiner Werke verstärkt die Bitte des Menschen „Mach, dass ich verstehe und lerne deine Weisungen!" (Ps 119,73).

M.a.W. nimmt der Glaubende *innerhalb* der Bundesbeziehung zu Gott die Wunder der Schöpfung wahr, und diese stärken seine Gottesbeziehung sowie seine Bereitschaft, nach Gottes Weisungen zu leben.

Dem Bewusstsein des Menschen von Neuzeit und Moderne aber ist die Beziehung zu Gott entsunken. Er sieht die Wunder („Rätsel") der Natur, sucht ihre Mechanik zu entschlüsseln; da er aber *bewusst* nur eine Beziehung zur Natur hat, in der Gott *als* Gott nicht vorkommt, erforscht er die Natur um ihretwillen, indirekt auch um seinetwillen (kann er ihr entlocken, warum und wozu es ihn gibt?). Davon zieht er einigen praktischen Nutzen, erkennt aber, dass die Natur (bis jetzt?) keine spezielle Botschaft für ihn als Menschen enthält.

So tendiert der *homo scientificus* dazu, sich gänzlich einfügen zu lassen in die evolutiven Programme der Natur, sich als ein bloß quantitativ von anderen kosmischen Produkten unterschiedenes Konglomerat aus Natur-Bausteinen („Sternenstaub") zu sehen.

Das Schöpfungszeugnis der Bibel ist demnach schon im Ansatz verschieden von Spekulationen der physikalischen Kosmologie. Es ist ein Glaubenszeugnis in dem Sinne, dass es von der Schöpfung zu Menschen redet, die schon zuvor eine vertraute und vertrauende Beziehung zu dem Gott innehaben, von dem die Genesis-Texte sprechen. Ihr Blickwinkel ist verschieden von dem der Kosmologie, sodass ihre Aussagen auch nicht in Konkurrenz zu Erkenntnissen der Kosmologie kommen können, da Gott sich den biblisch Glaubenden grundlegend auf anderem Wege mitteilt (im Bereich der Geschichte, als Alternative zum Baal-Glauben, in Erfahrungen der Lebensfreundlichkeit einer ständig vom Chaos bedrohten Welt), als auf dem sachbezogenen Weg der Naturwissenschaft. Der biblische Mensch erkennt den Schöpfer nicht abstrakt als Erst-Ursache (causa prima) der kosmischen Prozesse, vielmehr erkennt er ihn als Wohltäter, der in dieser gefährdeten Welt Lebensraum, Lebensmöglichkeiten, schließlich den Kreis der Lebewesen stiftet.[63]

– *DER SCHÖPFER ALS FREUND DES LEBENS*

Gott wird in Gen 1,1 *Elohim* (nicht JHWH oder Adonaj) genannt – die Rede ist vom Gott Israels in Völker-Perspektive, vom Völker-Retter-Gott (vgl. Deutero-Jesaja!).

---

63 S.a. *Löning-Zenger*, 20. 144; *A. Deissler*, 68f; *Küng*, Credo, 33f; *Seifermann* (2012), 87ff

„Himmel und Erde" ist ein dem Alten Orient geläufiges Doppel für die Welt als ganze. „Himmel" ist der Ort Gottes[64], von wo aus er wirkt (*'sh*) nach seinem Mögen oder Wollen (zB Ps 115,3). Gottes Tun ist „Segen" für alle, die ihn (ehr-)fürchten, Kleine und Große, und sein Segen liegt vor allem in der „Mehrung" der Menschen, so dass *Leben* wächst über den Tod hinaus, Leben den (Individual-) Tod *über*lebt (Ps 115,13ff).[65] Darin zeigt sich Israels Gott als Gott des Lebens, *Geber* („Stifter" *qonēh*) des Lebens, zeigt sich die Erde, die Er den Menschen gab (v 16), als Raum und Land des *Lebens* (*'arzot hachajjim* 116,9; 142,6). Konkreter noch wird das am Ende eines Schöpferpsalms, der Gottes Huld (*chesēd*) und Güte preist (136,1): „der Brot gibt allem Fleisch" (v 25). Weil man auf dem Land (*'arez*), das Gott dem Volk gibt, wohnen und – mit Arbeitseinsatz – leben kann, soll Israel die Erstfrüchte seiner Ernte-Arbeit Gott als Dankopfer darbringen (Dtn 26,1ff).

Hier wird deutlich, wie Israel „Schöpfung" versteht. Weiteres ergeben die Verse Gen 1,6-8, welche die Bedeutung des „Himmels" klären.

Zuvor v 2: *Die Erde war / ist gewesen (haj^{e}tāh) Wüstenei und Ödnis* (וְהָאָרֶץ הָיְתָה תֹהוּ וָבֹהוּ). Erinnern wir uns an die Anmerkungen zu v 1 über das sog. hebräische Perfekt: Auch hier geht es um eine Grundsatzaussage (eine bestimmte Zeitstufe – zB Vergangenheit – ist nicht Kern der Aussage). So wie Gott schöpferisch tätig war, ist und sein wird, so war, ist, wird sein die Erde *tohu wa bohu*, wenn Gott sich ihrer nicht schaffend annimmt.

---

[64] Desungeachtet ist der Himmel nach Gen 1,1ff ein Geschöpf!
[65] „Es *mehre* euch der Herr" (יֹסֵף יְהוָה עֲלֵיכֶם): Ps 115,14

Kurz gesagt: Ohne Gottes Zutun ist die Welt Chaos! Verstärkt wird diese Sicht durch den Zusatz:

und Finsternis über der Fläche der Urflut (וְחֹשֶׁךְ עַל־פְּנֵי תְהוֹם).

Finsternis ist durch seinen Gegensatz zum Licht, das erste Gottesgabe ist (v 3), ein Aspekt des Chaos. Finsternis macht jedes menschliche Tun unmöglich (vgl. Joh 9,4). Sie ist hier Ausdruck für die Totalität des Chaos vor bzw ohne Gottes schöpferische Intervention. Der Vers mündet in einen wichtigen Zusatz: *und Geistatem (hbr ru^{a}ch) Gottes schwingend über der Oberfläche der Wasser* (וְרוּחַ אֱלֹהִים מְרַחֶפֶת עַל־פְּנֵי הַמָּיִם).

Einleuchtend die Erklärung des Verbs „schwingen" *rchph* (רחף) aus dem Vergleich mit Dtn 32,11, wo der an Israel und Völkern handelnde Gott einem Adler verglichen wird, der mit sanft schlagenden Flügelspitzen über seinem Nest schwingt (*j^{e}racheph*), um die flügge werdenden Jungen zum Flug anzustacheln, auch eines von ihnen aufnimmt und es „auf seinem Fittich trägt".[66]

Das Bild erklärt sich damit, dass Gottes Geist das Chaos-Gewirr erregt, um es in seinen Dienst zu locken und es zu seinem Dienst zu befähigen, wozu es ohne *ha-ru^{a}ch* (den „Geist") außerstande ist und nicht taugt. Alles, was nun erzählerisch folgt, ist Schaffen unter dem Aspekt der In-Dienst-Nahme für das Gute, für Gut-sein und Gut-werden.

---

66 *M. Buber*, 26

Das schwingende Auf-und-Ab des Gottesgeistes über den Chaoswassern signalisiert plastisch, dass es im Folgenden, statt um ´Herstellung` der Welt, um ihre *Geist*-Begabung geht: Gottes Zutun stiftet der Chaos-Welt erst das Gute, Lebensfreundliche ein.[67]

Philosophisch geprägte Dogmatik und Katechese lehrt, Gott habe die Welt „aus Nichts"[68] geschöpft.[69] Es geht dabei um das Bekenntnis zu Unabhängigkeit, Freiheit und unbeschränkter Schöpfertätigkeit – *Ab-solutheit* – Gottes. Die ältere oder zweite Schöpfungserzählung spricht nur indirekt, zwei Mal, vom ´Vorher` der Schöpfung, und zwar in Bezug auf Gott: „noch nicht" (térem טֶרֶם) war da Gesträuch und Pflanzenwuchs, denn „nicht" (לֹא) hatte JHWH Elohim regnen lassen auf den Ackerboden (Gen 2,5). Ohne Gottes Zutun fehlt Menschen und anderen Lebewesen die Lebensgrundlage. Darin kommen, trotz verschiedener Ansätze, Gen 1 und Gen 2 überein: Gottes schöpferische Intervention macht die Welt bewohnbar, lebbar, lebensfreundlich. Umgekehrt lautet Israels Bekenntnis: die Lebensmöglichkeiten in der Welt und ihre lebensfreundlichen Einrichtungen sind von Gott/Schöpfer. (וְרוּחַ אֱלֹהִים מְרַחֶפֶת עַל־פְּנֵי הַמָּיִם)

---

67 Vgl die verwandten Bilder in Pss 18,11 [*kerub*; Flügel der *ruᵃch*] und 104,3!
68 „Nichts" ist Kontraktion von „nicht etwas"; griech. „οὐδέν" ist Kontraktion aus „οὐδὲ ἕν" (= auch nicht eines); lat „nihil" kontrahiert „ne-hilum" (= nicht eine Faser); hebr. „הֶבֶל" meint Windhauch, Täuschung, Wahn; von אַיִן (= nicht) ist weder substantivischer noch absoluter Gebrauch bekannt.
69 In der Preisung von Gottes alleinigem Schöpfertum geht es um Abweisung von Urstoffen, wie Gedankengänge der Vorsokratiker und Platons sie enthalten. Vgl. zusammenfassend Katechismus der Kath. Kirche Nr. 296ff. 317-318.

Dies will hier die Nennung des *tohu wa bohu* im voraus zur Schöpfung deutlich machen: Die Welt, die Dinge, die Verhältnisse in ihr sind aus sich selbst untauglich und unfähig zum Gut-sein – *gut* im Sinne des von Gott Gewollten, Intendierten (→ Leben). Also „richtet" Gott sie (her) nach seinem Willen durch die *ruᵃch* seines Wortes.

Die Kernbotschaft von Gen 1 lautet: *Gott* schuf/schafft (baut, rodet) mitten im Chaos (*tohu wa bohu*) *Lebensraum* für die Lebewesen bis hin zu den Menschen. Sie kommt zum Ausdruck im siebenmaligen „und er sah, dass es gut war/ist"; beim siebten Mal, bezogen auf den Menschen und seine Berufung, gesteigert zu „sehr gut". *Gut* (tov) meint *zugute* dem Leben, *zugute* dem Menschen.[70] Gott *er*sah es als zugute!

So ist *Gottes* Art! Ist ER ja in Israels Erfahrung „gut", „der Gute" (zB Ps 25,8; 86,5; 143,10; Mk 10,18 Par), weil seine Huld und Treue immer währen (Ps 100,5; 106,1 u.ö.) und er sie, für Israel grundlegend, erwiesen hat in der Befreiung aus dem „Sklavenhaus" Ägypten.

Gott beginnt die Schöpfung mit der Bändigung und Begrenzung des Chaos: Finsternis durch Licht (Gen 1,3-5), Wasser durch das Gewölbe (*raqija'* vv 6-8) sowie durch Ortsbindung, zugute dem trockenen Land (*'äräz* vv 9-10), damit es Grünes und Fruchtiges, Lebendiges und Lebensdienliches hervorbringe (vv 11-12).[71]

In Gegnerschaft zur Schöpfung erscheinen die *vier Aspekte* Finsternis, Flut, Wüste, Tod, in altorientalisch-biblischer Sicht Macht-Gestalten des Chaos.

---

70 Vgl. *H.J. Stoebe*, Art. טוב tov / gut in: *Jenni-Westermann*, 652ff
71 Näheres zB bei *G. von Rad*, 40; *A. Deissler*, Die Grundbotschaft, 67f; zu *qr' berufen*: Jenni-Westermann II, 669f; zu *r'h* (er-)*sehen* ebd., 695f – vgl. Gen 16,13f.

In den Kulturen jener Zeit wird dieses oft als Ungeheuer, Drache u.ä. dargestellt, gegen das (ein) Gott, ein Gott-König, ein von Gott bestellter Herrscher siegreich kämpft.[72]

Schon im Ansatz (*bᵉrešit*) also erscheint die Schöpfung als „erste Tat des *Bundes*gottes", erstes und bleibendes „Zeugnis seines Bundes-Willens".[73] Mithin bezeugt das AT, „dass Gottes (Königs-)Herrschaft *seit der Schöpfung* über das All waltet" (H.-J. Kraus).[74]

So Dt-Jesaja (45,18): „So spricht der Herr (JHWH), Schaffender des Himmels (בּוֹרֵא הַשָּׁמַיִם), ER ist der Gott, der bildet die Erde (יֹצֵר הָאָרֶץ), Er macht sie, er gründet sie nicht als Wüste (כְנָהּ לֹא־תֹהוּ), schafft und bildet sie zum Wohnen (בְרָאָהּ לָשֶׁבֶת יְצָרָהּ)". Diesem Gott, seinem Wohlwollen und wohltuenden Wesen soll Israel trauen auch in der Zeit politisch-nationalen Siechtums. Dies ist das Anliegen des Propheten im Namen JHWHs: Denn „keinen Gott, wahrhaftig und befreiend, gibt es außer mir" (אֵל־צַדִּיק וּמוֹשִׁיעַ אַיִן זוּלָתִי Jes 45,21).

Auch durch die Schöpfung also offenbart Israels Gott sein Wesen! Gott schafft die Welt nicht als ´Klotz`, d.h. neutral-unbeteiligt, sondern er schafft *für* die Wesen, denen er sich (bzw von sich) schenken will.

---

72 Vgl. *O. Keel*, 39ff. 62f. 66f u.a.; *H. Cazelles*, 118-121. *G von Rad* gibt zu bedenken, die priesterliche Darstellung sei nicht eines Tages „geschrieben" worden, sondern sei eine „Lehre, die in langsamstem, jahrhundertelangem Wachstum sich behutsam angereichert hat … überlegt, ausgewogen und präzis" (aaO 36).

73 *A. Deissler* (1969), 115; *ders*., Grundbotschaft, 67f; *Janowski*, 232; *Zenger*, in: Löning-Zenger, 35; *Cazelles*, 123. Auch *H. Seifermann*, Mskr Gen 1, vermerkt eine „innere Beziehung" von br' und bᵉrit, wenn nicht etymologisch, so doch sachlich: Nach Jes 43,1.15; Ez 21,35 o. Ps 102,19 schuf und schafft der Bundesgott Welt und Bund.

74 Syst. Theol., 17

Die Schöpfungstat nach Gen 1 hat zudem den Modus des Exodus:[75] Herausführung erst des Trockenen, dann der Vertreter des Lebens in seiner Mannigfaltigkeit bis hin zum „Adam" aus der chaotischen Urtiefe mit den Aspekten „Wasser", „Ödnis", „Finsternis" und „Tod" (vgl. Hi 26,5f. 28,22).

- *WARUM „SPRICHT" DER SCHÖPFER ?*

Eine Besonderheit von Gen 1 fällt jedem Leser/Hörer auf: ab v 3 leitet der Erzähler jede neue Schöpfungstat ein mit „Und Gott sprach", besser „Da sprach Gott" (וַיֹּאמֶר אֱלֹהִים).

Der erstmalige Leser wundert sich: jedes Mal *spricht* Gott – *zu wem* eigentlich?

Es ist niemand da – niemand genannt, zu dem er spräche.

Manche mögen an Selbstgespräche denken. Menschen in bestimmter Verfassung neigen zu Selbstgesprächen – von Gott nimmt man dies nicht an. An einer einzigen Stelle spricht Gott zwar von „uns": „Lasst *uns* Menschen machen!" (v 26) Die Stelle ist den Auslegern stets aufgefallen. Sie neigen recht einhellig zu der Annahme, hier werde eine Art Hofstaat, wie bei außerisraelitischen Göttern und Königen, mitgedacht (woher er kommt, wird nicht gesagt, jedenfalls fällt er nicht unter die Geschöpfe), hier eingesetzt zur Steigerung der Feierlichkeit des Augenblicks.

---

75 „Gen 1 ist die theologische Antwort auf die im Chaos des Exils versinkende Welt Israels": *C. Link*, 491; *Cazelles*, 123ff; *Deissler* (2006), 6ff.

Der Einfachheit halber vermuten manche, an allen Stellen, wo Gott spricht, sei an diesen Hofstaat im Hintergrund zu denken.

Doch ist das wenig wahrscheinlich. Bei allen anderen Schöpfungen hat Gottes Sprechen etwas Gebieterisches. Nur bei der Erschaffung des Menschen, wo man wie zuvor einen Befehlsspruch wie „es sollen Menschen sein auf der Erde" erwarten könnte, geschieht gleichsam ein Luftholen, ein neuer *Ansatz* aus einer eigenen Überlegung heraus. Der Erzähler vermittelt den Gedanken, das Aufkommen des Menschen sei in Gottes Augen etwas Besonderes, der Mensch bedeute nicht einfach ein weiteres Glied in der aufgezählten Reihe der Geschöpfe. Noch immer ist daher offen, weshalb Gott *spricht*.

Altkirchliche Auslegung sagt im Anschluss an das Johannesevangelium, Gott habe alles „durch das Wort" geschaffen (1,3 - Prolog).[76] Aber das ist Umschreibung, die nicht erklärt, welche Bedeutung Gottes *Sprechen*, das Sprechen gezielter *Worte*, bei der Schöpfung hat. Man half sich, indem man das äußere, phonetische Wort vom inneren Wort unterschied und als inneres Wort den Gedanken (*ratio*) nahm, der sich im äußeren Wort verlautbart. Wesentlich sei also, dass Gott die Welt schuf durch die Ideen, die Gedanken seines Geistes. Die Urformen der Geschöpfe seien folglich im Geiste Gottes beheimatet, letztlich im „Sohn", dem „ewigen Wort".[77]

Eine andere Spur fand die Religionswissenschaft. Sie verweist auf Altägypten, etwa auf den Gott *Ptah* (von Memphis), der durch Gedanken des Herzens und seine Zunge schuf, oder auf *Amun* (von Theben), der („niemand war da außer ihm") in das Schweigen hinein sprach, sogar schrie, und damit das Seiende schuf und lebendig machte.[78]

---

76 „Das Wort (lógos) war von jeher zu Gott hin. Das All ist durch es (Wort, Rede) geworden, jegliches, was entstand, ist durch es geworden" (Joh 1,2-3 eig. Ü)
77 *Augustinus*, De civ. XI, 24; *Bonaventura*, Pilgerbuch I,12; II,7; *Thomas v. A.*, Comp. theol. I 21; Summe II,24
78 *E. Hornung,* 35-50

Kopiert also der priesterliche Verfasser (P) nur die alt-ägyptische Schöpfervorstellung? Aber – der biblische Schöpfer *schreit nicht* !

Gott spricht – zu wem? Menschen (falls sie nicht zB im Halbschlaf oder im Rausch vor sich hin reden) sprechen *bewusst* nur, wenn sie sich sprechend an einen Adressaten wenden, das heißt, wenn sie *zu jemandem* sprechen. Man darf annehmen, dass auch der priesterliche Autor (er ist ja kein antiker Philosoph) von dieser naheliegenden Struktur ausgeht. Als Israelit lebt er in dem Bewusstsein, dass Gott (durch Mose, Gesetz, Propheten) zu Israel gesprochen hat und spricht (vgl. Ex 19,3-6; 20,1-22 usw; Dtn 5,1-22 u.a.m).

Israel kennt Gott als Den, Der es an-spricht, zu ihm spricht. Es kennt Gott als Den, der Israel *erschafft* und *bildet* (Jes 43,1.7). Es kennt Gott (*JHWH Elohim*: Gen 2,4) als Den, bei Dem Sprechen und Schaffen *zwei Aspekte* seines einzigen Engagements sind: „So *spricht* (אָמַר) JHWH als dich *Erschaffender* (בֹּרַאֲךָ), Jakob, und als dich *Bildender* (יֹצֶרְךָ), Israel" (ebd).

Per Analogie überträgt der Priester dieses Modell auf den grundlegenden Schöpfungsakt, die Erschaffung „von Himmel und Erde".[79] Gott spricht die Geschöpfe an, die er macht und bildet. Sie sind noch nicht da – ER zitiert sie herbei und ins Sein. Ihr Dasein ist *von vornherein unter dem An-Spruch Gottes.*

---

79 Die Analogie zeigt sich auch formal: *und/da sprach Gott – wajjōmer JHWH* (Ex 19,9 usw, Dtn 4,10; 5,6 usw)

Die Geschöpfe werden nicht zuerst geschaffen und vom Schöpfer hinterher angesprochen. Vielmehr kommen sie zum Dasein als von vornherein zum Dienst Verpflichtete. Indem sie *hören* – ihre *Berufung* –, kommen sie ins Dasein. Dasein und Dienstauftrag fallen zusammen, sind einunddasselbe. Indem sie da sind, hören sie auf Gottes Ruf, den Gestalten des Lebens und seinen Zwecken dienstbar zu sein.

Der biblischen Genesis geht es nicht um das An-sich der Geschöpfe (woraus sie bestehen, wie sie ´funktionieren`), sondern um deren Bestimmung, ihr *um-zu*.[80] Sie existieren von vornherein als Diener oder Knechte Gottes.

Die Schöpfung ist daher in einem radikalen Sinn „Zeugnis seines (Gottes) Bundes-Willens" (*Deissler*), indem auch ihr die Grundform des Bundes Gottes mit Israel, mit der Menschheit eingeschrieben ist. Daher dient sie auch als Zeugnis Gottes für Israel *und* die Völker, als Vorbild *für* diese, als *Trost* für sie in Katastrophen, und bei Untreue als Zeugnis *gegen* sie!

Bei DtJesaja beansprucht Gott, die Erde gegründet und den Himmel ausgespannt zu haben: „Ich rief sie her, und zugleich stellten sie sich" (קֹרֵא אֲנִי אֲלֵיהֶם יַעַמְדוּ יַחְדָּו Jes 48,13) – dem Ruf, wie es zum Dienst Bestellte tun.[81]

---

80 Es ist überdies möglich, dass die hebr. Vokabeln *bara'* (schaffen) u. *bᵉrit* (Bund) ursprünglich aus einer Wurzel kommen: (eine Überlegung dazu bei *Seifermann*, Mskr Sintflut, 99 !

81 קרא mit לְ oder אֶל besagt herbeirufen, berufen. Sog. hebräisches Perfekt kann, wie erwähnt, auch futurisch übersetzt werden, wie es hier die Septuaginta vorzieht (καλέσω αὐτοὺς καὶ στήσονται ἅμα = *ich werde sie berufen und sie werden sich allzugleich stellen*). Diese Sicht lebt auch in Paulus, wenn er von Gott bekennt (Röm 4,17), dass er „die nicht Seienden" (τὰ μὴ ὄντα) zu Seienden (ὡς ὄντα) *be*ruft (καλέω = קָרָא לְ).

Wie ein Nachklang wirkt die rhetorische Frage: Wie wäre etwas, das Du nicht berufen hast, von Dir (im Sein) erhalten worden? (πῶς ... τὸ μὴ κληθὲν ὑπὸ σοῦ διετηρήθη ; [Weish 11,25b]

Zudem erinnert die literarische Gestaltung von Gen 1 auch an den synagogalen Gottesdienst.[82]

Darauf weisen *sprachliche Indizien*: So werden in 1,8 die Wasser „gesammelt" (יִקָּווּ) an einen Ort, und Gott beruft ihre „Versammlung" (*mikwē* מִקְוֵה) zu Meeren. In griechischer Übersetzung (LXX, ca. 3. Jahrhundert v.Chr.) wird der hebräische Ausdruck (*jiqqᵉwu,* für *gesammelt werden*) bzw *miqwē* wiedergegeben mit *synágesthai* bzw. *synagogē*. Das Vokabular erinnerte orthodoxe Juden (ob palästinisch oder hellenistisch) an die Versammlung (*synagogē*, rabbinisch *beth ha knesset*) zu Gebet und *Hören* der Tora sowie an das Reinigungsbad (*miqwē, miqweoth*) bei Unreinheit (zumal Frauen), Konversion u.a.

Synagogen dienten und dienen als Versammlungsort zur Belehrung des Volkes über Gottes Weisung (*torā*). Ihr Gottesdienst besteht – im Wesentlichen bis heute – aus zwei Teilen:

1. Rezitation des *Schᵉma Jisrael* (*Höre, Israel* Dtn 6,4-9; 11,13-21; Num 15,37-41) – das Erste ist also auch hier *Hören auf* Israels Gott –, gefolgt vom Achtzehnbittengebet.

2. Im Wortteil Vortrag eines Abschnitts aus Gesetz und Propheten; Ansprache (Auslegung). Jüdische Tradition sieht überdies das zehnmalige „Gott sprach" in Gen 1 parallel zu den zehn Weisungen (Basis der Tora).

---

82 Genaueres bei *Elbogen*, Jüd. Gottesdienst.- Historiker datieren die Entstehung der Synagogen teils ins 3. Jahrhundert v.Chr. (in Ägypten), teils schon ins Babylonische Exil (eine plausible Vermutung).

Die israelitische Gemeinde also weiß sich von jeher geschaffen und gebildet durch das *Hören* des Wortes Gottes. So auch die christliche *Kirche*: sie wird von Anfang an im Hören des Gotteswortes.

In Gen 1 schafft Gott, indem er nacheinander *Weisung* gibt: „da sei Licht!", „da sei Gewölbe!", „das Wasser sammle sich ...!" usw. Die Geschöpfe entstehen im Hören ihrer Weisung, ihrer Bestimmung durch Gott, d.h. sie entstehen zu je ihrem Gottes-Dienst! Diesen Zusammenhang hat der biblische Glaube klar vor Augen: vgl. Jes 40,26; 45,12; Ps 19,2.6f; 33,6.9.

In Ps 148 wird der Zusammenhang lapidar ausgedrückt: „ER (JHWH) gebot, und erschaffen waren sie" (v 5), nämlich Sonne, Mond, Sterne, „alle Himmel" und die „Wasser über dem Himmel" (v 3f). Gott gab ihnen „für immer" eine „Ordnung", ein „Gesetz (חֹק), das sie nicht übertreten" (v 6). Feuer und Hagel, Schnee, Nebel und Sturmwind werden gepriesen, weil sie „sein Wort (*dbr*) vollziehen" (v 8). In ihrem Vollzug zeigen sie je ihren Anteil an der Huld Gottes und bringen seine Güte zur Erfahrung.

Dafür zeugt auch – nimmt man den Gedanken ernst – der *Leitwortstil* in Gen 1. Zu Gottes Sprechen gehört refrainartig ab der das *Licht* berufenden Order (v 3) das hebräische „*jᵉhi – wajᵉhi*", herkömmlich übersetzt mit „Es werde – und es ward". Doch ist anzunehmen, dass die Deutung des Gottes-´Namens` JHWH nach Ex 3,14f (JHWH › *hajah* im Sinne von: *ICH bin da und werde da sein* für/mit Mose und Israel) die Gestaltung von Gen 1 beeinflusst hat. Dann muss der Refrain lauten: „*da sei – da war*".

„*Da sei* Licht ... und *da war* Licht" besagt dann, dass das Licht von vornherein Order hat, nach JHWH-Art *da* zu *sein*, anders gesagt, dass JHWH auch im Licht wie in den anderen Geschöpfen (bis zum Menschen) *da ist* und dasein *wird* mit und für Israel und die Völker.

Die Gottesrede im Buch Hiob (Kap. 38) führt dies noch weiter aus.

In Ps 19,8 wird Gottes Gesetz von Himmel, Sonne, Tag/Nacht gerühmt als „vollkommene *tora*" (תּוֹרַת יְהוָה תְּמִימָה) !

Gemeint ist also hier wie in der Genesis die lebensfreundliche, lebenserhaltende Ordnung der genannten Geschöpfe.

– *DIE KRÖNUNG DER SCHÖPFUNG*

Zu der so hoch gepriesenen Schöpfungsordnung gehört auch der *Mensch* selbst (Mann und Frau), auch er dienstbestimmt erschaffen – zu segensvoller Verwaltung der übrigen, vor ihm genannten Schöpfung (Gen 1,28ff). Auf diesen Auftrag zielt einmal seine Kennzeichnung „als Bild und Gleichnis" des Schöpfers – ein Doppelausdruck, der die Schöpfer- Mensch-Beziehung sowohl als inniges Vater-Sohn-Verhältnis wie auch (qua politischer Titel) als Herr-Knecht- (Statthalter-) Verhältnis deutet: als Übertragung von *Verantwortung* für die übrigen Geschöpfe.[83] Die präzisierenden, viel diskutierten Vokabeln *kbš* und *rdh*, in der Regel übersetzt mit „beherrschen" und „untertan machen", besagen nachweislich verantwortliche (!) In-Besitz-Nahme und hegende Leitung nach Hirtenart.[84]

---

[83] Zu beiden Bezügen vgl. *Loretz*, 62ff; *Lohfink* (1967), 100f; *Preuß*, 267.
[84] *Lohfink* (1977), 165-170; *Kessler*, 63f

Nicht im Ansatz ist damit eine Art Freibrief für willkürliche Ausbeutung u.ä. gemeint. Vielmehr zielen sie in moderner Sicht auf „die Erhaltung der Lebenskraft und Unversehrtheit der Ökosysteme" und auf die achtsame Bewahrung des allen Menschen gemeinsamen Hauses.[85]

Allerdings bieten die Verse Gen 1,26.28 zwar die Schöpfer-Intention, nicht aber die *menschliche*, von Eigensinn und Eigensucht geprägte Realität, die den Umgang des Menschen mit der übrigen Schöpfung gegenüber der Schöpfer-Intention negativ verändert. Sie wird in der Sintflut-Erzählung reflektiert (vgl. Gen 9,1-3.7). Ihre zukünftige Wieder-holung durch Menschen könnte die Auslöschung allen Lebens infolge von achtloser Überwärmung des Planeten sein (zB *Boff* [2013a], 196f).

Zum Schöpfungshymnus Gen 1 gehört die ausführliche Würdigung des 7. Tages. Er (nicht der Mensch) ist gleichsam die *Krönung* der Schöpfung. Am Tage des *Schabbat* sollen der Mensch wie alles Getier, das der Mensch gebraucht, ja alle Dinge ruhen: sie sollen in ihrem Schöpfer ruhen, d.h. sich *hörend*[86] neu sammeln bzw neu gesammelt werden in der Weisung ihres Schöpfers – *Sammlung* zum *Gut*-werden und *Gut*-Machen der Schöpfung. Die Sabbat-Ruhe mit äußerer und innerer Sammlung dient der Vergewisserung des Menschen über sich selbst – *woher er kommt, wer er ist, was er soll* – und entsprechend über die Tiere und Dinge, die er gebraucht. Der lebendige Kosmos soll neu justiert werden gemäß Gottes Weisung als Anfang und Ende.

---

85 Vgl. *Boff* (2013a), 10. 204ff („neue Genesis")
86 Daher liegt für den biblischen Ansatz die Vollendung der Schöpfung eher im selig machenden *Hören* (*auditio beatifica*) denn im griechischen Schauen (*visio beatifica*).

Die Bibel bringt dies zum Ausdruck mit dem Sinnbild, Gott wolle „wohnen" in seiner Schöpfung.[87] Daher gehören Schöpfung und – als ihr Gipfel – Tempel innerlich zusammen. -

Zu der refrainartigen Wendung „da war Abend, da war Morgen" (Gen 1,4ff) gibt es verschiedene, auf Liturgie und Festkalender bezogene Deutungen. Es liegt unserem Ansatz jedoch nahe, in der hymnischen Abfolge Abend – Morgen die *Gabe* der Zeit zu sehen, die Gabe der *Lebens*-Zeit im wohltuenden Wechsel von Schlaf (Abend) zu Aktivität (Tag). Analog – denkt man an die biblisch vertraute Nachbarschaft Schlaf/Tod und Erwachen, Erweckt-werden aus Schlaf/Tod – erscheint die Schöpfung aus tohu wa bohu als Berufung aus Tod zu Leben. So gesehen versteht sich die Zeit als weitere Wohltat des Schöpfers. Die Zeit ist da mit dem ersten Tag. Tag und Woche partizipieren damit am JHWH-Charakter ($j^ehi - waj^ehi$) der Geschöpfe Gottes. Die Zeit ist in dieser Sicht nichts Neutrales oder rein Sachhaftes,[88] sie ist etwas *Gottgegebenes* und mündet ins *Fest*.

- ***SCHÖPFUNG UND KOSMOGENESE***

Dieses Verständnis der biblischen Genesis steht in keinem Gegensatz zur Theorie der Kosmogenese der modernen Physik auf deren Ebene.

---

87 Im Christentum wird die Überzeugung vom „Wohnen" (*Schechina*) Gottes in der Schöpfung fortgeführt zum Wohnen (*šchn / skēnoûn*) des „Wortes" (*dbr / lógos*) in „seiner" Schöpfung (Joh 1,14).

88 Natürlich ist die in Gen 1 angesprochene Zeit, physikalisch gesehen, eine relative Messgröße mit den Bezugsystemen Sonne und Mond. Es gibt aber auch ein *inneres* Erlebnis von Zeit, etwa der Tages-Zeit oder der Lebens-Zeit, und des *Gehaltes* – etwa Chance und Geschenk – einer Zeit (was die Physik höchstens am Rande berührt), die aber in der *Seele* Resonanz auslöst.

Es gibt hier kein Entweder – Oder, als stünden sich hier (so das Gefühl vieler Zeitgenossen) klares, bewiesenes Wissen (Physik) und Tagträume (biblischer Glaube) gegenüber.

Zunächst ist klar: Kosmologie bietet begründete, aber vorläufige Ergebnisse – kann nur solche bieten (wie jede menschliche Erkenntnisbemühung). Der Ursprung des Kosmos, dann die Entstehung von Sonne und Erde (durch Kontraktion und Erhitzung einer interstellaren Gas- und Staubwolke?) sind durch eine Mischung von Beobachtung, Messung, Berechnung, Extrapolation erschlossene Erkenntnisse mit Wahrscheinlichkeitswert. Zudem führt die Theorie vom „Urknall" schwer verifizierbare Hypothesen (Dunkel-Materie, Dunkel-Energie, Homogenität des Universums seit Bestehen u.a.m.) mit sich.[89] Sehr kritische Forscher sprechen selbst von Spekulation. Eine natürliche Hürde für Erkenntnissicherheit bildet die fehlende Gleichzeitigkeit des kurzlebigen Menschen mit dem Kosmos.

Das meint nicht, die Schlüsse und Szenarien der physikalischen Kosmologie seien per se zweifelhaft. Doch sollte man die Grenzen jeder menschlichen Erkenntnisbemühung, auch in der exakten Wissenschaft, kennen.

Ein uralter, aber wesentlicher Beitrag der biblischen Genesis zur modernen Kosmologie besteht übrigens in der religiösen Entgötterung der Welt, wie sie in Israel (und eher philosophisch – zeitlich etwa parallel – im alten Griechenland) stattfand.

---

89 In die Vergangenheit ausgreifende Kosmologie kann (sagen die Fachleute) nur auf Beobachtung und die Anwendung bekannter Naturgesetze gestützte, möglichst widerspruchsfreie Hypothesen („Szenarien") bieten. Die strikte Position *Newtons* mit methodisch reduziertem Wahrheitsanspruch („hypotheses non fingo") ließ sich hier nicht durchhalten.

Die *Degradierung* des Kosmos zu einer *endlichen Schöpfung* war unerlässliche Vorbedingung für die allmähliche Herausbildung von Natur-*Wissenschaft*. Sonne, Mond, Sterne, Meer, himmlische und irdische Phänomene (Kometen, Blitz, Donner, Feuer u.ä.) behielten zwar ihren machtvollen Augenschein, hörten aber auf, für Götter, Sitze von Göttern, Monster und Dämonen gehalten zu werden.[90] Die Bibel stufte sie samt und sonders einerseits zu Dienern bzw Geschöpfen herab, erhob sie andrerseits zu Zeugen der Herrlichkeit und Huld Gottes. Der Anschein der Unvereinbarkeit religiöser Natur-Deutung mit naturwissenschaftlicher Forschung entstand zu Beginn der europäischen Neuzeit. Es war (angeregt von *Galilei*) zumal der Vorstoß von *Descartes*, der zur Überwindung zweifelhafter Hypothesen den Blick nachdrücklich auf die formale, quantitative Verfassung der Dinge lenkte, da dieser Weg zur Beherrschung der Natur führe und eine neue menschliche Selbstgewissheit hervorbringe. Hinzu kam *Newton*, der mit der ganzen Autorität des erfolgreichen Physikers forderte, künftighin nichts für wahr zu halten, was nicht unmittelbar aus einem Versuch ableitbar sei; das andere sei „Hypothese", Fiktion. Im Rahmen der Pestepidemien der Neuzeit waren die Menschen durch Zweifel, Gottesangst, abergläubische Erwartungen und Befürchtungen beunruhigt. Physiker aber konnten ihre Ergebnisse experimentell verifizieren und in der 'harten Währung` mathematischer Beziehungen anbieten.

---

90 Vgl. frühchristliche Glaubensbekenntnisse, sowie zB *4. Laterankonzil 1215*, Kap.1 (geg. Albigenser/Katharer); *F. Gogarten*, bes. 11-25. 90ff (bez. auf Paulus); *H. Cazelles*, 118-123

Hinzu kam die bald einsetzende technische Umsetzung physikalischer Erkenntnisse – eine funktionierende Maschine bürgt für die Wahrheit der Erkenntnisse, die sie möglich machen oder die darin investiert sind.

Mit dem Fortschritt neuzeitlicher Naturwissenschaft bildete und verstärkte sich bei vielen Menschen der Eindruck, wahr seien nur Erkenntnisse, die mit den Methoden der Physik gewonnen werden. Anders abgeleitete, nicht demonstrierbare Behauptungen und Folgerungen seien nicht objektiv, sondern subjektiv: Phantasie oder Dichtung.[91]

Die biblisch Gläubigen aber vernehmen die Botschaft der Genesis, ihr Maß an Lebensfreundlichkeit verdanke die Welt dem von Israel verehrten Gott *JHWH Elohim*, der sie ihr eingestiftet habe. Sie verstehen diese Botschaft durchaus als objektiv in dem Sinne, dass ihre Zeitgenossen, aber auch spätere Gläubige den Inhalt als *echte Gegebenheit* und Tatsache verstehen und akzeptieren könnten. Zwar hatten sie wohl in der Regel noch keine Antenne für kleinmünziges Fragen nach dem An-sich der Dinge, nach Analyse der Bestandteile, was neuzeitliche Naturforschung kennzeichnet. Sie wussten noch nichts vom Sonnensystem, von seinem Ort am Rand unserer Galaxis, seiner Umlauf-Geschwindigkeit um ihr Zentrum. Das heutige physikalische Bild des Sonnensystems würden die Gläubigen der biblischen Zeit mit Respekt, aber nur als Voraussetzung für jene lebensfreundliche Schöpfungsordnung werten, die Gegenstand von Lobpreis, Ehrfurcht und Gottvertrauen ist.

---

91 Vgl. aktuelle Kontroversen um die Existenz einer „Seele" und der „Freiheit", die keine Objekte sind, die mit sinnenfällige Objekte erfassenden Instrumenten nachweisbar wären.

Ein Blick in die Astrophysik bestätigt es: Physikalisches Wissen sagt uns heute[92], dass die Sonne ein riesiger glühender Gasball ist. Sein Durchmesser beträgt das 109fache, seine Masse aber das 330000fache der Erde. Damit ist sie im Kosmos von mittlerer Größe und Lebensdauer. Wäre sie wesentlich größer, würde sie hauptsächlich kurzwelliges – für organische Moleküle schädliches – UV-Licht abstrahlen; wäre sie wesentlich masseärmer, wäre ihre Strahlung auch energieärmer und hätte für die Entstehung des irdischen Lebens nicht ausgereicht.

Die Sonne besteht wesentlich aus den leichtesten Elementen: Wasserstoff (75%), Helium (23%). Die Oberflächentemperatur beträgt rund 6000° C, die Temperatur im Kern aber ca. 16 Mio Grad. Die Energie für ihre Strahlung wird in kernnahen Bereichen erzeugt durch einen Vorgang, den man Kernfusion nennt. Unter hohem Druck und enormen Temperaturen dringen Wasserstoffatome ineinander ein, synthetisieren das schwerere Element Helium. Dabei tritt ein geringer Massenverlust auf, der als Energie abgestrahlt wird. Durch die Strahlung verliert die Sonne sekündlich ca. 4,5 Mio Tonnen an Masse. Doch verliert sie in 10 Milliarden Jahren nur 0,1 % ihrer Gesamtmasse und wird sich erst in etwa 5 Milliarden Jahren zu einem roten Riesen aufblähen, der sich bis zur Marsbahn erstrecken wird. Leben wird dann auf der Erde nicht mehr möglich sein. Man geht heute davon aus, dass der moderne Mensch (*homo sapiens sapiens*) vor rund 200 000 Jahren erstmals aufgetreten ist. Das ist nur $^1/_{25000}$ der Zeitspanne, die er von heute an noch unter der Sonne zu heutigen Bedingungen zubringen könnte.

---

[92] Zu den folgenden Darlegungen vgl: *Ewald, Ranzini, Hermann, Lesch / Zaun,*

Es ist anzunehmen, dass die menschliche Art sehr viel früher ans Ende ihrer (Über-) Lebensfähigkeit kommen wird.

Dass sie aber überhaupt entstehen konnte – und vor ihr unzählige andere Lebensformen auf der Erde –, verdankt sie auch dem Umstand, dass in der Sonne und in anderen Sternen das Element Kohlenstoff durch Verschmelzung je dreier Heliumkerne erzeugt wird, wofür eine ausreichend hohe Materiedichte und Temperatur benötigt wird. Zudem ist die Stabilität, d.h. der konstante Wert der Grundkräfte – hier der starken Kernkraft und der elektromagnetischen Kraft – im Universum erfordert.

Nun aber hat die Sonne acht Trabanten, die sie auf elliptischen Bahnen umlaufen. Zwei sind der Sonne näher als die Erde: Merkur und Venus. Sie weisen Oberflächentemperaturen auf (Merkur bis + 430° und - 150°; Venus durchschnittlich + 500°), die Leben, wie es auf der Erde entstand, ausschließen. Die Erde mit 150 Mio km mittlerer Entfernung von der Sonne hat ca 70% Wasser und ca 30% Landoberfläche mit einer Atmosphäre, die zu 78% aus Stickstoff, zu 21% aus Sauerstoff besteht. Die Erde dreht sich in einer relativ kreisförmigen Bahn um die Sonne, sodass sie in Sonnennähe (*Perihel*) weder zu stark erhitzt noch in Sonnenferne (*Aphel*) zu stark ausgekühlt wird. Sie empfängt von der Sonne jenes Maß an Energie, das ihren Wassergehalt weder gefrieren noch verdampfen lässt. Anders als auf anderen Planeten oder auf dem Mond ist ihre Schwerkraft gerade stark genug, um das Wasser wie auch die Sauerstoff/Stickstoff-Atmosphäre auf ihr festzuhalten.

Der Nachbarplanet Mars ist um etwa das 1 ½ - fache der Sonne ferner als die Erde. Seine dünne Kohlendioxyd-Stickstoff-Atmosphäre (0,13% Sauerstoff) ließ oder lässt eventuell einfache Lebensformen zu. Weiter draußen kreisende Planeten wie Jupiter, Saturn, Uranus usw sind gegenüber der Erde riesige Gasbälle aus Wasserstoff, Helium, Ammoniak, Methan, mit zudem lebensfeindlichen Temperaturen und Druckverhältnissen.

Halten wir an dieser Stelle inne und fragen uns: gibt es eine Beziehung von diesem Bild der Wissenschaft vom Sonnensystem zu dem Bild, das uns Gen 1 der Bibel zeichnet, oder handelt es sich um völlig Unvergleichliches mit der Konsequenz Entweder – Oder ?

Auch wenn wir heute dank der neuzeitlichen Naturwissenschaften über eine Menge Spezialkenntnisse verfügen, die auch das Weltbild veränderten, stellt sich die Erkenntnis der Wohnlichkeit und Lebensfreundlichkeit der Erde am Rande von gefahrvollen Abgründen, von den Alten als Geschenk erfahren, auch heute *nicht wesentlich anders* dar. Vielmehr ist das Planetensystem, zu dem die Erde gehört, auch unter Gesichtspunkten der Moderne ein sehr anschauliches Lehrbeispiel dafür, wie begründet – *mutatis mutandis* – das Lebens-Zeugnis der biblischen Genesis ist. Wir bekommen heute bis ins Einzelne vor Augen geführt, wie die Parameter beschaffen sein müssen, damit ein Planet die Qualität 'lebensfreundlich` erhält, und wie schon rechnerisch geringfügige Abweichungen diese Qualität zunichte machen (sie können auf der Erde auch von bedenkenlosen Menschen verursacht werden).

Zum Beispiel ist der Mars nur 80 Mio km weiter von der Sonne entfernt als die Erde, kann aber mit nur $^1/_{10}$ Erdmasse keine Wärme speichernde Atmosphäre halten. Das kann zwar die Venus, deren Masse annähernd die der Erde erreicht. Da ihre dichte Kohlendioxyd-Atmosphäre aber, der Sonne etwa 40 Mio km näher, rund 98% der Sonnenstrahlung absorbiert, entsteht ein lebensfeindlicher „Treibhauseffekt". Zwar besaß Mars anfänglich wohl eine dichtere Atmosphäre als heute mit Vorkommen von flüssigem Wasser. Da aber die viel geringere Schwerkraft seine Atmosphäre ausdünnte, der verbliebene atmosphärische Druck gering ist, kann sich flüssiges Wasser an der Mars-Oberfläche nicht halten. Die Kälte lässt es vereisen oder drückt sein flüssiges Vorkommen nur in stark versalzter Form unter seine Oberfläche.

Das Zentralgestirn Sonne aber hat, im Vergleich mit blauen Riesen- und weißen Zwergsternen, gerade die richtige, moderate Größe, entsprechendes Alter, erzeugt das passende Quantum Energie und gibt es konstant über sehr lange Zeiträume ab, so dass vor ca 3,8 Mrd Jahren auf *einem* ihrer acht Trabanten Leben entstehen konnte. Hinzu kam damals auf der Erde (im Zuge der Lebensförderung) eine unvorstellbare Menge an Wasserdampf, später sintflutartiger Regen, der das Kohlendioxyd weitgehend aus der Atmosphäre auswusch, in die Gesteinskruste einlagerte und, nach weiterer Abkühlung der Erdoberfläche, als Wasser auf ihr liegen blieb: als Grundwasser, Quellen, Bäche, Flüsse, Seen und Meere.

Ohne Wasser – es bedeckt über 70 % der Erde und speichert Wärme – hätten sich weder Aminosäuren noch Eiweiß gebildet. Auch der Mensch besteht zu mehr als 70 % aus Wasser.

Astrophysiker weisen auf weitere Bedingungen für die Entstehung von Leben hin, zB die Funktion der Zeit: das unvorstellbar hohe Alter des Kosmos, das die Bildung von Galaxien erlaubte und die Entwicklung von Sternen, die schwere Elemente produzierten und diese in den Raum weitergaben zu neuer Stern- und Materie-Bildung.

Die Trennung von Tag und Nacht in Genesis 1 ist auch astrophysikalisch bedeutsam: Bei der immensen Zahl von Sternen am Himmel (eher für Teleskope als für das bloße Auge sichtbar) dürfte es keine Nacht geben, müsste der Himmel ständig hell leuchten und die Temperatur auf der Erde etwa 6000° – wie auf der Sonne – betragen (*Olbers*-Paradox). Der Planet hätte ganz andere, Leben ausschließende Bedingungen. Erst seit die Expansion des Weltalls bekannt ist (Anfang 20. Jh), löst sich das Rätsel, weiß man, dass die mit atemberaubenden Geschwindigkeiten fortschießenden Galaxien seit Jahrmilliarden nur stark abgeschwächtes, quasi erkaltetes Licht zur Erde senden, das Millionen, ja Milliarden Jahre benötigt, um hier anzukommen. Das gesamte Licht des Kosmos erreicht uns nie in Vollstärke und gleichzeitig. Darum – nicht nur weil das Sonnenlicht fehlt – gibt es auf der Erde die Nacht.

Eine fundamentale, organisches Leben begünstigende Rolle spielen zudem, wie erwähnt, die nur schwach elliptische Umlaufbahn der Erde um die Sonne, die für moderate Temperatur-Unterschiede sorgt, ferner die Drehgeschwindigkeit unseres Planeten, welche die Erzeugung von Stürmen in Grenzen hält, sowie die Neigung der Rotationsachse, die den Wechsel der Jahreszeiten in einem für das Leben der Pflanzen, Tiere und Menschen erträglichen, ja ihm förderlichen Rahmen hält.

Dass die Rahmenbedingungen, die in unserem Sonnensystem gelten, sind, wie sie sind, dass sie so geworden sind, wie sie sind und so auf wenigstens einem Planeten Leben ermöglich(t)en, geht auf die Anfangsbedingungen bei Entstehung des Sonnensystems vor ca. 5 Milliarden Jahren zurück, Anfangsbedingungen, die sowohl durch Zufall wie durch Gesetzmäßigkeit bestimmt gewesen sein müssen und zu einer „zufälligen Auswahl" aus allen möglichen Bahnverläufen führten.[93]

Menschliches Bewusstsein übergreift aber so nüchterne Feststellungen. Das zeigten die drei Raumfahrer der „Apollo 8"–Mission, die 1968 – beim weihnachtlichen Umkreisen des Mondes, als vor kalt-schwarzem Hintergrund die hellblau leuchtende Erdkugel über dem öden und leeren Mond aufging – die ersten zehn Verse aus Genesis 1 rezitierten. Vor dem Anblick des zwar bewegten, aber toten – nahen und fernen – Raumes erschien, erscheint die weißblau leuchtende, belebte Erde ebenso als unwahrscheinlicher Zufall wie als unfassliches, tief berührendes Wunder.

---

93 *Heitler*, 10

Fazit: Auch unter den Bedingungen der modernen Naturwissenschaften sind wir Heutigen durchaus in der Lage, die Kernaussage von Genesis I zu würdigen und erforderlichenfalls im Rahmen des heutigen Weltbildes zu formulieren und festzuhalten.

Doch erinnern wir uns, dass der biblische Gottesglaube nicht auf analytischer Welt- und Natur-Betrachtung fußt, sondern Anhalt fand und findet an Erfahrungen des Beschenktseins, des Erhabenen, des Wunderbaren, ins Geheimnis Entzogenen und dass er sich geschichtlichen (im weiten Sinne) und ethisch-sozialen Erfahrungen verdankt, die die Weltbetrachtung prägen und sich in ihr spiegeln. Der Gottesglaube erfährt die Welt, soweit sie Lebensraum gewährt, als Geschenk, das zu Dankbarkeit, Lobpreis und ehrfürchtig-verantwortlicher Haltung anstiftet.

Naturforscher, die ihren genau begrenzten Methoden Vorrang einräumen, geben sich hier reserviert. Vertretern eines „anthropischen Prinzips" halten sie entgegen, es gebe *vielleicht* (wegen der Fluktuationen des Quantenvakuums, wovon eine zum ′Urknall` führte) eine unergründliche Vielzahl von Universen, wovon das unsrige nur eines ist, das zufällig für unsere Spezies lebensfreundliche Bedingungen entwickelt hat. Wäre unser Weltall auch das einzige, sei (auch in Anbetracht der oben zitierten Erkenntnisse) kaum vorstellbar, dass seine Entwicklung *a priori* von einer Dynamik zum Menschen bestimmt gewesen sei.

Christen sollten diese Reserve nicht befremdlich, sondern verständlich finden, sprechen sie von Gott ja nicht wie von einer Naturkraft, einer Naturkonstante oder einem Quant.[94] Naturwissenschaft begrenzt zwar in einer Hinsicht die Frage nach Gott, aber in ähnlichem Sinne, wie das Fundament eines Hauses die Möglichkeit begrenzt, ein Haus zu bauen, jedoch Freiheit zu möglichen Formen des Hauses lässt.[95] Die Form aber, nicht das Fundament, ruft die Frage nach dem Architekten, seiner Kreativität und Kunst hervor.

Von daher versteht sich auch die überraschende, von Staunen bewegte Botschaft der Bibel: „Was kein Auge gesehen, kein Ohr gehört hat, was keinem Menschen in den Sinn gekommen ist: das Große, das Gott denen bereitet hat, die ihn lieben" (1Kor 2,9).

Teilhard de Chardin stellte seinem Hauptwerk bewusst einen Prolog voran, der schlicht mit „Sehen" (voir) betitelt ist.

---

94 Manche Naturwissenschaftler vermögen die ´Hypothese` Schöpfer-Gott nur methoden-monistisch anzugehen. So meint *Herrmann* (2003), ein angenommen transzendenter Urheber des Universums müsste „ebenso komplex sein wie die Welt, die er plant", böte aber keine Antwort auf die Frage, warum er „gerade solche Bedingungen für das Universum gewählt hat, die zum Menschen führen" (171). Der Schöpfer wird nach Art eines physikalischen Objekts ins Visier genommen und als ungeeignete Hypothese verworfen, weil von ihm keine Antworten auf physikalische Fragen zu erwarten sind. Unbefangener klingt die Rede von einem Schöpfer bei *Lesch / Zaun*: dieser müsse „ein Meister von unerschöpflich-schöpferischer Kreativität gewesen sein, ja immer noch sein" (210).
95 Nach einem Vergleich des englischen Physikers u. Theologen *J. Polkinghorne*, in Bild der Wissenschaft 12/1999, 50

Er betonte, das ganze Werk sei „Ausdruck eines Bemühens, zu *sehen* und *sehen zu machen*", dass der Mensch nämlich „nicht einsam in den Einöden des Weltalls verloren ist, sondern dass ein universeller Lebenswille ihm zuströmt und sich in ihm vermenschlicht".[96]

Christen sollten fähig sein (oder die Fähigkeit erlernen), anderen eine komplementäre, hintergründige Sicht, Betrachtung und Erfahrung der Welt nahezubringen. *Blaise Pascal* umschrieb sie mit „Logik des Herzens" und machte deutlich, dass wir die Welt nicht nur mit dem Verstand, sondern auch mit dem Herzen erkennen; ja, dass die Erkenntnisse des Verstandes (raison), selbst in der Mathematik und Physik, auf intuitiven Erkenntnissen des Herzens beruhen. Das gelte erst recht für den schöpferisch-göttlichen Hintergrund der Welt: Gott sei für das Herz erfahrbar (*sensible*), nicht für den Verstand.[97] Die Völker der Antike wussten es wohl: das Innerste wie der Hintergrund der Welt sind göttlich. Dass die Welt mit ihren Gesetzen und Wundern nicht von selbst entstanden ist, ist einer anderen als der formal-quantitativ orientierten Sehweise evident. Der biblische Glaube setzt diese Evidenz voraus und bekennt, sein Gott – der „Gott der Väter", der Gott Jesu Christi – sei zugleich der Schöpfer der Welt. Allein dieses Bekenntnis ist Ausdruck des Glaubens.

---

96 *Teilhard* (1959), 9
97 *Pascal*, fr. 267.277-279.282-283

Gerade er aber nährt und fordert eine *herz*-liche Weise, sich der Welt zu nähern und ihr zu begegnen; eine Weise, welche die Geschöpfe *nicht nur* in Teile und Funktionen zerlegt, sondern sie in ihrer jeweiligen Ganzheit in den Blick nimmt, ihren besonderen Eigen-Wert erfasst, ja sie von ihrem „Vater" her als Schwestern und Brüder versteht: die franziskanische Art der Natur- und Menschen-Begegnung.[98] Auf diese Weise empfinden wir auch das Nicht-Selbstverständliche in Leben und Welt, erfahren Dinge, Ereignisse und Menschen als Geschenke und uns selber als je und je neu Beschenkte. Dichter vermögen es intuitiv wahrzunehmen: „Alles Gute in der Welt ist unmittelbare Wirksamkeit Gottes", notierte *Novalis*: „Gott als Arzt, als Geistlicher, als Frau, Freund etc."[99] oder auch als winziger, lebensvoller ´blauer Planet` in der kalten Leere und Einsamkeit des grenzenlosen Raumes.

---

98 *Boff* (1999), 99ff. 104-111
99 *Friedrich v. Hardenberg* (*Novalis*), Das philosophische Werk II (Darmstadt ²1968), 666; hier zit. nach *Betz*, 68

ZITIERTE LITERATUR

Audretsch, J./ Mainzer, K., Vom Anfang der Welt (München 1989)
Augustinus, A., Der Gottesstaat (herausgeg.v. H.U.v. Balthasar – dt. Einsiedeln ⁴2005)

Bauer, W. / Aland, K. , Wörterbuch zum NT [Berlin-New York ⁶1988]
Becker, O., Grö0e und Grenze der mathematischen Denkweise (Freiburg-München 1959)
Betz, O. (Hg), Novalis – Im Einverständnis mit dem Geheimnis (Freiburg-Basel-Wien 1980)
Blume, M., Besser als der Darwinismus. Ein Blick auf Ch. Darwin als Theologen. Herder-Korrespondenz 67 (2013)

Boethius, A.M.S., Trost der Philosophie (lat.-dt. München 1981)
Boff, L., Die Logik des Herzens (dt. Düsseldorf 1999)
ders., Achtsamkeit – Die Notwendigkeit, unsere Haltung zu ändern (dt. München 2013a)
ders., Mein Glaube – Christsein in einem neuen Zeitalter (dt. Freiburg/Br. 2013b)
Bonaventura, Itinerarium mentis in Deum/ Pilgerbuch der Seele zu Gott (lt.-dt. München 1961)
Buber, M., Zu einer neuen Verdeutschung der Schrift – Beilage zu Bd.1 „Die fünf Bücher der Weisung" (Heidelberg ¹¹1987)
Cazelles, H., La Bible et son Dieu (Paris 1999)

Deissler, A., Ich werde mit dir sein (Freiburg-Basel-Wien 1969)
Deissler, A., Die Grundbotschaft des AT (Freiburg-Basel-Wien 1995/2006)
Descartes, R., Meditationen über die Grundlagen der Philosophie (lat.-dt. Hamburg 1959)
ders., Von der Methode (frz-dt Hamburg 1997)
Duns Scotus J., Abhandlung über das Erste Prinzip (lat.-dt. Darmstadt 1974)

Elbogen, I., Der jüd. Gottesdienst in seiner geschichtl. Entwicklung (Frankfurt/M. ³1931)

Ewald, G., Die Physik und das Jenseits (Augsburg 1998)

Fischer, E.P., Die andere Bildung (München ⁶2002)

Fischer, K.P., Kosmos und Weltende (Mainz 2001)

ders., Auferstehung und Vollendung der Welt (von 2004), in: *ders.,* Glaube sucht Verstehen – Theol. Brosamen (Münster 2013)

ders., Schicksal in Theologie u. Philosophie (Darmstadt 2008)

Frankl, V.E., Die Selbsttranszendenz menschlicher Existenz – Versuch einer dimensionalen Anthropologie in: *E. Stammler* (aaO), 26-40

Frankl, V.E./ Lapide, P., Gottsuche und Sinnfrage – Ein Gespräch (Gütersloh 2005)

Gesenius, W., Hebräisches und Aramäisches Handwörterbuch (Berlin-Göttingen-Heidelberg ¹⁷1954)

Gogarten, F., Verhängnis u. Hoffnung der Neuzeit (München-Hamburg 1966)

Haas, A., Teilhard de Chardin-Lexikon (Freiburg-Basel-Wien 1971)

W. Heitler, Der Mensch u. die naturwissenschaftliche Erkenntnis (Braunschweig ⁴1970),

Herrmann, D.B., Die Kosmos Himmelskunde (Stuttgart 2003)

ders., Das Weltall. Aufbau, Geschichte, Rätsel (München 2006)

Hoornaert, E., Die Anfänge der Kirche in der Erinnerung des christl. Volkes (dt. Düsseldorf 1987 – BThB)

Hornung, E., Der Geist der Pharaonenzeit (Düsseldorf 2005)

Janowski, B., Gottes Gegenwart in Israel (Neukirchen-Vluyn 1993)

Jenni, E., Lehrbuch der hebräischen Sprache des AT (Basel-Frankfurt/M 1981)

Jenni, E. / Westermann, C., Theol. Wörterbuch zum AT I + II (Gütersloh ⁵1994)

Kant, I., Kritik der reinen Vernunft (Hamburg 1993)

ders., Kritik der praktischen Vernunft (Hamburg 1993)

Keel, O., Die Welt der altorientalischen Bildsymbolik und das AT (Zürich-Einsiedeln-Köln ³1984)

Kessler, H., Evolution und Schöpfung in neuer Sicht (Kevelaer 2009)

Knauer, P., Der Glaube kommt vom Hören – Ökumen.Fundamentaltheologie (Freiburg-Basel-Wien ⁶1991)

Kraus, H.J., Systematische Theologie im Kontext biblischer Geschichte und Eschatologie (Neukirchen-Vluyn 1983)

Kraus, W. / Karrer, M. (Hg), Septuaginta Deutsch (Stuttgart 2009)

Küng, H., Credo. Das Apostolische Glaubensbekenntnis Zeitgenossen erklärt (München-Zürich 1992)

Kues, N. v., Über den Ursprung (dt. Heidelberg 1967)

Lauxmann, F., Die Schöpfung – Philosophische Wege zum Erleben der Welt (München 2006)

Leibniz, G.W., Theodizee I-II (frz-dt Frankfurt/M. 1996)

ders., Monadologie (dt. Stuttgart 1979)

Lesch, H. / Zaun, H., Die kürzeste Geschichte allen Lebens (München-Zürich ⁴2011)

Link, C., Schöpfung II (Gütersloh 1991)

Löning, K. / Zenger, E., Als Anfang schuf Gott (Düsseldorf 1997)

Lohfink, N., Bibelauslegung im Wandel (Frankfurt/M. 1967)

Lohfink, N., Unsere Großen Wörter (Freiburg-Basel-Wien 1977)

Loretz, O., Die Gottebenbildlichkeit des Menschen (München 1967)

Luyten, N.A.(Hg), Zufall, Freiheit, Vorsehung (Freiburg/München 1975)

Mackowiak, B., Die Kosmos Sternenkunde (Stuttgart 2006)

Newton, I., Mathematische Grundlagen der Naturphilosophie (dt. Hamburg 1988)

Pascal, B., Logik des Herzens (frz.-dt. München 1973)
Passow, F., Handwörterbuch der griechischen Sprache (Leipzig 1831)
Pieper, J., Verteidigungsrede für die Philosophie (München 1966)
Platon, Werke in acht Bänden Griechisch-Deutsch (Darmstadt 1971-1983)
Preuß, H.D., Theologie des Alten Testaments I (Stuttgart-Berlin-Köln 1991)

von Rad, G., Das erste Buch Mose (ATD 2, Göttingen ^{8}1967)
Rahner, K. / Vorgrimler, H., Kleines Theologisches Wörterbuch (Freiburg-Basel-Wien ^{10}1976)
Ranzini, G., Astronomie (dt. Klagenfurt 2000)

Scheffczyk, L., Der christl. Vorsehungsglaube u. die Selbstgesetzlichkeit der Welt, in: *Luyten* (aaO), 331-353
Schmidt, W.H., Die Schöpfungsgeschichte der Priesterschrift (Neukirchen-Vluyn 1964)
Seifermann, H., Vorlesung Gen 1,1-2,3 (1988, Mskr)
Seifermann, H., Sintflut (Mskr/Seminar 1991)
Seifermann, H., Die Entdeckung Gottes in der Bibel (Wiesmoor 2012)
Stähli, H.-P., Hebräisch Kurzgrammatik (Göttingen ^{2}1985)
Stammler, E.(Hg), Wer ist das eigentlich – der Mensch? (München 1973)

Teilhard de Chardin, P., Der Mensch im Kosmos (Le Phénomène Humain, dt. München 1959)
ders., Je m`explique (Paris 1966)
Thomas von Aquin, Summe wider die Heiden / Summa contra gentiles (lat. Rom 1924)
ders., Compendium theologiae (lat.-dt. Heidelberg 1963)

Weinberg St., Die ersten drei Minuten (dt. München-Zürich 1977)

Wetz, F.J., Lebenswelt und Weltall (Stuttgart 1994)

Weizsäcker, C.F. v., Die Tragweite der Wissenschaft (Stuttgart ^{6}1990)

Abbildungsnachweis

Seite 12 Eig. Anfertigung des Verfassers

Seite 13 Zeichnung S. Gossweiler, Birmensdorf (Schweiz)

Seite 15 Aus: Religion Studienstufe: Moderne Naturwissenschaft und Schöpfung (Calwer Verlag Stuttgart 2. Aufl. 1974), S.12

Seite 31 Aus: O. Keel / S. Schroer, Schöpfung. Biblische Theologien im Kontext altorientalischer Religionen (Göttingen/Fribourg 2. Aufl. 2008), S.107

Seite 34 Aus: O. Keel, Die Welt der altorientalischen Bildsymbolik und das Alte Testament (Zürich-Einsiedeln-Köln 1984 3. Aufl.), S.43

Seite 35 Aus: O. Keel, Die Welt der altorientalischen Bildsymbolik und das Alte Testament (Zürich-Einsiedeln-Köln 1984 3. Aufl.), S.47

Seite 48 Aus: E. Stammler (Hg), Wer ist das eigentlich - der Mensch? (München 1973), S.37

Seite 50 Aus: V.Frankl / F. Kreuzer, Im Anfang war der Sinn (München 1986), S.40

Autor und Verlag danken Frau Gossweiler, dem Calwer Verlag, Herrn Prof. Dr. O. Keel (Fribourg) und Herrn Prof. Dr. F. Vesely vom Viktor Frankl Institut in Wien für die freundliche Überlassung der Wiedergabe-Rechte

ZUM AUTOR

Klaus P. Fischer, geboren 1941 in Stuttgart, studierte Klassische Philologie bei *W. Schadewaldt, W. Jens* (Tübingen) und *R. Muth* (Innsbruck), Philosophie und Theologie u. a. bei *H. Küng, W. Schulz, R. Schaeffler* in Tübingen, *E. Coreth, K. Rahner, J.A. Jungmann* in Innsbruck, *P. Henry, H. Bouillard* in Paris, *O. Semmelroth, B. Schüller* in Frankfurt/M. Beraten u.a. von *K. Lehmann* (dem heutigen Kardinal), promovierte er 1973 bei *H. Bouillard* in Paris mit einer Arbeit über die Theologie *K. Rahners.*

Er engagierte sich jahrzehntelang in Religionspädagogik, Gemeinde-, Jugend- und Patienten-Pastoral sowie in religiöser Rundfunkarbeit (Südd. Rundfunk).

Derzeit Lehrbeauftragter für Theologie an der Universität Heidelberg, dazu Kurse in religiöser Erwachsenenbildung.

Schwerpunkte seines Bemühens sind von Anfang an die Hinführung zum christlichen Glauben wie auch die Lebenshilfe aus dem Glauben. Dafür waren und sind ihm die Biblische Theologie (dankbar und vielfach gestützt auf das in Vorträgen verbreitete und in einigen Manuskripten erhaltene Lebenswerk von *H. Seifermann*, München), ignatianische und oratorianische Spiritualität wichtige Quellen.
Für die letztgenannten sowie für den Geist des 2. Vatikanischen Konzils stand und steht er in fruchtbarem Austausch mit dem langjährigen Erfurter Theologen S. Hübner (jetzt Berggießhübel).

Veröffentlichungen in Buchform

* Der Mensch als Geheimnis.
  Die Anthropologie Karl Rahners (1974, ²1975)

* Den Klugen verborgen, den Suchenden enthüllt (1976)

* Zufall oder Fügung (1977 + 2010)

* Die Sache mit dem Teufel – Teufelsglaube und Besessenheit zwischen Wahn und Wirklichkeit
  (1980 – zus. mit H. Schiedermair)

* Gedächtnis der Armen (1981)

* *Übersetzung ins Deutsche* von M. Oraison,
  Was ist Sünde? (1968 + 1982)

* Gotteserfahrung, Mystagogie in der Theologie Karl Rahners und in der Theologie der Befreiung (1986)

* „Heute, wenn ihr seine Stimme hört" -
  Beiträge zu einer Theologie des Kairos (1998)

* Kosmos und Weltende. Theologische Überlegungen vor dem Horizont moderner Kosmologie (2001)

* Schicksal in Theologie und Philosophie (2008)

* Gottes-Dienst im Alltag. Der Apostel Paulus -
  Vordenker des Christentums (2009)

* Christsein als Alternative – Selbstfindung durch Glauben (2010)

* Vom Zeugnis zum Ärgernis? – Anmerkungen zum Pflichtzölibat (2011)

* DAS IST MEIN LEIB, MEIN BLUT,
   Die Eucharistie – Einführung in ihr Verständnis, (2011)

* Auferstehung der Toten
   Einführung in den Grund des Glaubens (2012)

* Begegnet Gott im Schicksal? (2012)

* *Herausgeber* von Hermann Seifermann
   Die Entdeckung Gottes in der Bibel (2012)

* *Herausgeber* von Hermann Seifermann
   Wie heute von Gott reden (2013)

* Christus auf Pigalle (2013)

Gott als Geheimnis des Menschen
von Klaus P. Fischer /
Siegfried Hübner
Adlerstein Verlag
ISBN: 978-3-945462287
372 Seiten, € 29,90

Klaus P. Fischer / Siegfried Hübner

Gott als Geheimnis des Menschen

Annäherungen an Karl Rahner

Zwei noch lebende Schüler aus Karl Rahners Innsbrucker Zeit legen hier einige ihrer Studien über Aspekte seiner Theologie – im Laufe vieler Jahre verstreut veröffentlicht und heute schwer greifbar – gesammelt in einem Band vor. Sie werden unverändert und ungekürzt dargeboten, sie spiegeln so jeweils auch die Zeit der Kirche.

Die Beiträge verlangen manche „Anstrengungen des Begriffs", bieten aber auch jene Hilfe im Glauben und zum Glauben, wie sie ein Kernanliegen Karl Rahners war.

Was wir als Christen von Anderen lernen können
von Siegfried Hübner

Adlerstein Verlag
ISBN: 978-3-732249428
80 Seiten, € 7,90

Hier geht es konkret um die Frage, die wohl eine zeitlose Aktualität hat: ob nicht die Kirche und wir Christen noch mehr und intensiver selbst Lernende sein müssten. Hübner greift damit die Intention von Papst Johannes XXIII. auf, die ihn bewog, das 2. Vatikanische Konzil einzuberufen.

Der Papst war davon überzeugt, dass die Kirche nicht nur Lehrerin der Völker ist, sondern dass sie selbst auch lernende Kirche sein muss. Sie muss sich „verheutigen", um besser von dem reden zu können, was die Mitte ihres Auftrag ist: das Evangelium unseres Herrn Jesus Christus aller Welt und jeder Generation neu anzubieten.

Dazu bedarf es zum einen eines gehorsamen Hinhörens auf den Geist Gottes, der die Kirche durch allen Wandel der Zeiten geleitet und im Glauben bewahrt. Aber es bedarf zum anderen eines ebenso intensiven Hinhörens auf die jeweilige Gegenwart, in der die Kirche ihren Auftrag zu erfüllen hat.

+*Joachim Wanke, Bischof von Erfurt*

Die Entdeckung Gottes in der Bibel
von Hermann Seifermann

Adlerstein Verlag
ISBN: 978-3-844814132
120 Seiten, € 9,90

Das Wort „Gott" ist zum Fremd-Wort geworden. Der heutige Mensch lebt im Gefühl, die weite Welt genügend erforscht zu haben, ohne auf ´so etwas wie Gott` zu stoßen. In den Kirchen wird aber weithin von und über Gott gesprochen, als könne jede(r) wissen, was mit „Gott" gemeint sei. In vielen Zuhörern kommt dabei Langeweile auf: „Gott" wirkt auf sie wie ein theoretisches Konstrukt – ohne Leben, ohne Dynamik, ohne Bodenhaftung.

Der Autor, der sein Leben lang die Zeugnisse der Bibel erforschte, fragt danach, was für besondere, ja unvergleichliche Erfahrungen in Menschenleben, Welt und Geschichte die Menschen des biblischen Raumes machten, bis ihnen schließlich aufging, dass sie vor Gott geraten waren.

Die bei diesen Forschungen gewonnenen Einsichten sind so elementar-grundsätzlich, dass sie „eine Grundorientierung für unser Reden von Gott heute" (Hermann Seifermann) bieten.

Wie heute von Gott reden?
von Hermann Seifermann

Adlerstein Verlag
ISBN: 978-3-732235216
120 Seiten, € 9,90

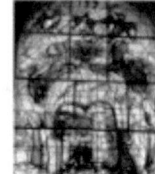

In erschreckender Weise erleben wir in unserer sogenannten Moderne - in Wissenschaft, Technik, Industrie, Wirtschaft, Politik und auch Kunst -, dass das, was eine ganze große Epoche lang selbstverständlich war, einfach aus dieser unserer modernen Welt verschwindet: nämlich GOTT. Zwar sagt man, es sei in dieser Zeit der Gottesferne auch schon wieder eine weitverbreitete Gottessehnsucht zu erkennen (Esoterik), aber sie weiß sich noch kaum gültig, allgemeingültig zu artikulieren. Woher kommt das? Liegt es etwa an der den genannten Feldern menschlichen Betriebs eigenen Struktur mit ihrem jeweiligen Sachzwang? Oder haben wir vielleicht in unserem Reden von Gott, schlicht gesagt, die Zeichen der Zeit noch nicht erkannt? Reden wir etwa unbeirrt noch immer in der Sprache der vergangenen Epoche von Gott? Es scheint so!
Dann aber heißt die Grundfrage: „Wie heute von Gott reden?"
Es ginge dann um eine grundlegende Neuorientierung unserer Gottesrede heute. Der einzuschlagende Weg hieße dann: zurück zu den Quellen, anthropologisch, theologisch, geschichtlich – mit einem Wort: biblisch!
Diesen Weg wollen wir erkunden.